Theodor Fontane

Meine Kinderjahre

~

Autobiografischer Roman

1893

„Theodor Fontanes Kindheitserinnerungen zwischen Klasse Sieben und Zwölf im malerischen Swinemünde, erzählt aus der Perspektive des 72jährigen. Die Kindheit war freilich nicht in allen Facetten malerisch. Da ist die Gegensätzlichkeit der Eltern, die Spielsucht des Vaters. Doch auch beim Vater überwiegt das Licht den Schatten: Seine Warmherzigkeit und sein Erzähltalent sind vielleicht zu keinem unwesentlichen Teil die Grundlage für Fontanes späteren Erfolg.“ *Redaktion Gröls-Verlag* (Edition I Werke der Weltliteratur)

Redaktionelle Hinweise und Impressum

Das vorliegende Werk wurde zugunsten der Authentizität sehr zurückhaltend bearbeitet. So wurden etwa ursprüngliche Rechtschreibfehler regelmäßig *nicht* behoben, denn kleine Unvollkommenheiten machen das Buch – wie im Übrigen den Menschen – erst authentisch. Mitunter wurden jedoch zum Beispiel Absätze behutsam neu getrennt, um den Lesefluss zu erleichtern.

Wir sind bemüht, ein ansprechendes Produkt zu gestalten, welches angemessenen Ansprüchen an das Preis/Leistungsverhältnis und vernünftigen Qualitätserwartungen gerecht wird. Um die Texte zu rekonstruieren, werden antiquarische Bücher von leistungsfähigen Lesegeräten gescannt und dann durch eine Software lesbar gemacht. Der so entstandene Text wird von Menschen gegen eine Aufwandsentschädigung gegengelesen und korrigiert – Hierbei können gelegentlich Fehler auftreten. Wenn Sie ebenfalls antiquarische Texte einreichen möchten, wenden Sie sich für weitere Informationen gerne an

www.groels.de

Informieren Sie sich dort auch gerne über die anderen Werke aus unserer

Edition | Bedeutende Werke der Weltliteratur

Sie werden es mit 94,066 %iger Wahrscheinlichkeit nicht bereuen.

Die Deutsche Nationalbibliothek verzeichnet dieses Werk in der Deutschen Nationalbibliografie.

Verleger: Marcel Hermann-Josef Gröls, Poelchaukamp 20, 22301 Hamburg.
Externer Dienstleister für Distribution und Herstellung: BoD, In de Tarpen 42, 22848 Norderstedt

Inhaltsverzeichnis

Vorwort

Als mir es feststand, mein Leben zu beschreiben, stand es mir auch fest, daß ich bei meiner Vorliebe für Anekdotisches und mehr noch für eine viel Raum in Anspruch nehmende Kleinmalerei mich für einen bestimmten Abschnitt meines Lebens zu beschränken haben würde. Denn mit mehr als einem Bande herauszutreten, wollte mir nicht rätlich erscheinen. Und so blieb denn nur noch die Frage, *welchen* Abschnitt ich zu bevorzugen hätte.

Nach kurzem Schwanken entschied ich mich, meine Kinderjahre zu beschreiben, also "to begin with the beginning". Ein verstorbener Freund von mir (noch dazu Schulrat) pflegte jungverheirateten Damen seiner Bekanntschaft den Rat zu geben, Aufzeichnungen über das erste Lebensjahr ihrer Kinder zu machen; in diesem ersten Lebensjahre "stecke der ganze Mensch". Ich habe diesen Satz bestätigt gefunden, und wenn er mehr oder weniger auf Allgemeingültigkeit Anspruch hat, so darf vielleicht auch diese meine Kindheitsgeschichte als eine Lebensgeschichte gelten, Entgegengesetztenfalls verbliebe mir immer noch die Hoffnung, in diesen meinen Aufzeichnungen wenigstens etwas *Zeitbildliches* gegeben zu haben: das Bild einer kleinen Ostseestadt aus dem ersten Drittel des Jahrhunderts und in ihr die Schilderung einer noch ganz von Refugié-Traditionen erfüllten Franzosen-Kolonie-Familie, deren Träger und Repräsentanten meine beiden Eltern waren. Alles ist nach dem Leben gezeichnet. Wenn ich trotzdem, vorsichtigerweise, meinem Buche den Nebentitel eines "autobiographischen *Romanes*" gegeben habe, so hat dies darin seinen Grund, daß ich nicht von einzelnen aus jener Zeit her vielleicht noch Lebenden auf die Echtheitsfrage hin interpelliert werden möchte. Für etwaige Zweifler also sei es Roman!

Th. F.

Erstes Kapitel

Meine Eltern

An einem der letzten Märztage des Jahres 1819 hielt eine Halbchaise vor der Löwen-Apotheke in Neu-Ruppin, und ein junges Paar, von dessen gemeinschaftlichem Vermögen die Apotheke kurz vorher gekauft worden war, entstieg dem Wagen und wurde von dem Hauspersonal empfangen. Der Herr – man heiratete damals (unmittelbar nach dem Kriege) sehr früh – war erst dreiundzwanzig, die Dame einundzwanzig Jahre alt. Es waren meine Eltern.

Ich gebe zunächst eine biographische Skizze beider.

Mein Vater Louis Henri Fontane, geb. am 24. März 1796, war der Sohn des Malers und Zeichenlehrers Pierre Barthélemy Fontane. Was dieser, mein Großvater, als Maler leistete, beschränkte sich vorwiegend auf Pastell-Kopien nach englischen Vorbildern; als Zeichenlehrer aber muß er tüchtig gewesen sein, denn er kam zu Beginn des neuen Jahrhunderts an den Hof und wurde mit dem Zeichenunterricht der ältesten königlichen Prinzen betraut. Dies leitete sein Glück ein. Königin Luise wohnte gelegentlich dem Unterrichte der Kinder bei, und alsbald an dem gewandten und ein sehr gutes Französisch sprechenden Manne Gefallen findend, nahm sie denselben als Kabinettssekretär in ihren persönlichen Dienst. Vielleicht geschah es auch auf Vorschlag des um jene Zeit überaus einflußreichen Kabinettsrats Lombard, der dabei den Zweck verfolgen mochte, seine auf ein Bündnis mit Frankreich hinarbeitende Politik durch bei Hofe verkehrende Persönlichkeiten verstärkt zu sehen. Die Gegner waren von dieser Ernennung wenig erbaut, und der nationalgesinnte Gottfried Schadow, damals noch nicht der "alte Schadow", schrieb in sein Tagebuch: "Ein Herr Fontane, seines Zeichens Maler, ist Kabinettssekretär der Königin geworden; er malt schlecht, aber er spricht gut französisch." Ob Pierre Barthélemy, mein Großvater, in seiner Stellung Einfluß geübt oder nicht, entzieht sich meiner Kenntnis; jedenfalls, wenn ein solcher Einfluß da war, war er von kurzer Dauer; denn dem Sturze Lombards, der nicht lange mehr auf sich warten ließ, folgte die Katastrophe von Jena; der Hof, flüchtig werdend, ging nach Königsberg, und Pierre Barthélemy, dessen Dienste keine weitere Verwendung mehr finden konnten, erhielt, in Berlin zurückbleibend, wohl als eine Art Abfindung, das Amt eines Kastellans von Schloß Nieder-Schönhausen. Dorthin übersiedelte er nun, und von hier aus besuchte mein Vater drei Jahre lang, also wahrscheinlich bis Herbst 1809, das Gymnasium zum Grauen Kloster. Es waren harte Schuljahre, denn der weite, wenigstens anderthalb Stunden lange Weg nach Berlin erforderte, daß jeden Morgen um spätestens sechs Uhr aufgestanden werden mußte. "Winters froren wir bitterlich, und es wurde erst besser, als wir, mein älterer Bruder und ich, blaue mit postorangefarbenem Kattun gefütterte Mäntel als Weihnachtsgeschenk erhielten. Aber es erwuchs uns daraus keine reine Freude. Jedesmal wenn sich der Wind in den mit einem gleichfarbigen Kattun gefütterten großen Kragen setzte, stand uns der postorangefarbene Kragen wie ein Heiligenschein zu Häupten, und der Spott der Straßenjungen war immer hinter uns her." Es war dies eine Lieblingsgeschichte meines Vaters, der an ihr bis in sein Alter hinein festhielt und nichts davon wissen wollte, wenn ich ihm lachend von meinen eigenen, dem Vorstehenden sehr verwandten Schicksalen erzählte. "Ja, Papa", begann ich dann wohl, "so bin ich, als ich so alt war wie du damals, auch gequält worden. Mama ließ mir um jene Zeit, ich war eben mit ihr in Berlin angekommen, Rock, Weste und Beinkleid aus einem milchfarbenen Tuchstoff machen, es war ein billiger Rest, und in der Klödenschen Schule hieß ich dann, ein ganzes Jahr lang, der ›Antiquar aus der alten Post‹. Der trug nämlich gerade solchen milchfarbenen Anzug und war überhaupt eine Karikatur." – "Kann schon sein", schmunzelte mein Vater, "so was ist mitunter erblich; aber Postorange war doch schlimmer, dabei muß ich bleiben. Es schrie förmlich in die Welt hinein."

Von guter Schülerschaft konnte bei den zwei Meilen Wegs, die jeden Tag zurückgelegt werden mußten, nach eignem Zeugnis meines Vaters, nicht wohl die Rede sein. Es darf aber aus dem Umstande, daß er zeitlebens selbst von einer mangelhaften Schulbildung sprach, nicht auf eine Trauer über diesen Tatbestand geschlossen werden. Beinah das Gegenteil. Er hielt es nämlich, wie viele zu jener Zeit, mit gesundem Menschenverstand und Lebekunst, oder, wie es in unserer Haussprache hieß, mit "bon sens" und "savoir faire" und war, ganz vereinzelte Ausnahmen abgerechnet, nie dazu zu bringen, sich zu willfähriger Anerkennung der "homines literati" aufzuraffen. Es gab das, wenn er seinen sogenannten "ehrlichen Tag" hatte, den Tag also, wo er aus seiner sonstigen Politesse herausfiel, mitunter recht verlegene Situationen für uns Kinder; im großen und ganzen aber bin ich ihm doch das Zeugnis schuldig, daß er, den ihm persönlich zu Gesichte kommenden Studierten gegenüber, in neunzehn Fällen von zwanzigen immer im Rechte war. Und es konnte dies auch kaum anders sein. Er war – weil er viel Zeit hatte, leider zu viel, was für ihn verhängnisvoll wurde – von Beginn seiner Selbständigkeit an, ein überaus fleißiger Journal- und Zeitungsleser, und weil er sich nebenher angewöhnt hatte, wegen jedes ihm unklaren Punktes in den Geschichts- und Geographiebüchern, besonders aber im Konversationslexikon nachzuschlagen, so besaß er, auf gesellschaftliche Konversation hin angesehn, eine offenbare Überlegenheit über die meisten damals in kleinen Nestern sich vorfindenden Ärzte, Stadtrichter, Bürgermeister und Syndizi, die, weil sie sich tagaus tagein in ihrem Berufe quälen mußten, sehr viel weniger Zeit zum Lesen hatten. Erlitt er mal eine Niederlage, so gab er diese freimütig zu, ja, pries sogar seinen Sieger, blieb aber dabei, daß es ein Ausnahmefall sei.

Und nun zurück zum Herbst 1809, wo mein Vater als Lehrling in die Berliner Elefanten-Apotheke eintrat. Diese Apotheke befand sich schon damals, wie heute noch, am oberen Ende der Leipziger Straße, jedoch nicht genau an gegenwärtiger Stelle, sondern eben dieser Stelle gegenüber, an der durch Leipziger und Kommandantenstraße gebildeten Ecke. Bis vor wenig Jahren sah man noch den Elefanten, in Höhe des ersten Stocks, aus dem großen Eckpfeiler heraustreten; jetzt ist er fort, und nur die zahlreich über den Parterrefenstern angebrachten und an Elefantenrüsseln hängenden Gaslaternen erinnern noch an die frühere Geschichte des Hauses.

In eben dieser Elefanten-Apotheke war mein Vater viertehalb Jahr lang und verlebte diese Zeit mutmaßlich nicht gut und nicht schlecht, was ich daraus schließe, daß er über diesen Lebensabschnitt nie sprach. Vielleicht hatte dies Schweigen aber auch seinen Grund einfach in den großen Ereignissen, die folgten, so daß ihm für die voraufgegangenen Jahre von Durchschnittscharakter kein rechtes Interesse blieb. Herbst 1813 wäre seine Lehrzeit zu Ende gewesen, indessen König Friedrich Wilhelms III. Aufruf an sein Volk kürzte diese Zeit um ein volles halbes Jahr, denn unter den sich freiwillig zum Eintritt Meldenden war auch mein Vater, damals noch nicht volle siebzehn Jahre alt. Über die nun folgende Kriegszeit habe ich ihn oft sprechen hören, meist durch mich veranlaßt, der ich nicht genug davon hören konnte. "Du warst also wohl sehr patriotisch, lieber Papa." – "Nein, höchstens Durchschnitt. Offen gestanden, ich machte nur so mit. Wenn man siebzehn Jahre alt ist, erscheint einem ein freies Soldatenleben hübscher als ein Lehrlingsleben. Und wie's im Liede heißt: ›Eine jede Kugel trifft ja nicht.‹ Aber wenn ich auch anders hätte denken wollen, ich hatte keine rechte Wahl. In das Tuchgeschäft von Köppen und Schier, dessen du dich, weil du ja selber in der Burgstraße gewohnt hast, vielleicht noch entsinnst, trat damals eine adlige Dame ein und wurde von einem hübschen jungen Manne mit blondem Schnurrbärtchen bedient. ›Ich wundre mich, Sie hier hinter dem Ladentisch zu sehn.‹ – ›Ich nicht, meine gnädigste Frau; ich stehe hier lieber als anderswo.‹ – ›Das seh' ich‹, antwortete die Dame, und dem hübschen Blondin eine Ohrfeige gebend, verließ sie das Lokal. Das war so die Stimmung damals, und weil ich dergleichen nicht gern erleben wollte, wurd' ich als freiwilliger Jäger eingekleidet und empfing eine Büchse." Diese sogenannte "Büchse", die später in den Flurwinkeln unserer verschiedenen Wohnungen verrostet und verstaubt umherstand, war eine Flinte von allergewöhnlichster Beschaffenheit, was übrigens keine weitere Bedeutung hatte, da mein Vater, seinem eignen Zeugnis nach, auch mit einer gezogenen Büchse nicht getroffen haben würde. Anfang April verließ er etwa mit fünfzig anderen

Freiwilligen Berlin und zog auf Sachsen zu, wo sich die kriegerischen Ereignisse bereits vorbereiteten. An Spitze dieser Fünfzig stand ein Hauptmann von Kesteloot, ein vortrefflicher Soldat aus der alten Armee. Ausbildung und Führung waren ihm anvertraut. Am ersten Tage rückte man spät nachmittags in Trebbin ein; die meisten waren fußkrank, humpelten und sahen sehr niedergedrückt aus. Kesteloot ließ sie noch einmal antreten und sagte: "Wenn unser allergnädigster König und Herr darauf angewiesen ist, mit Ihnen den Kaiser Napoleon zu schlagen, so tut er mir schon heute leid." Der Zustand der kleinen Truppe verbesserte sich aber, und man erreichte die Umgegend von Leipzig in leidlicher Verfassung. Vier Wochen später, am 2. Mai, war die blutige Schlacht bei Groß-Görschen. Die freiwilligen Jäger wurden einem Garde-Bataillon eingereiht und machten in diesem die Schlacht mit. Mein Vater erhielt eine Kugel in den Tornister, die, nach Durchbohrung eines kleinen Wäschevorrats, in den Pergamentblättern einer dicken Brieftasche steckenblieb. Diese Brieftasche, mit der Kugel darin, hab ich mir oft zeigen lassen.

"Du mußt wissen, mein lieber Sohn, es war kein Schuß von hinten; wir stürmten einen Hohlweg, auf dessen Rändern, rechts und links, französische Voltigeurs standen. Also Seitenschuß." Das unterließ er nie zu sagen; er war vollkommen unrenommistisch, aber darauf, daß dies ein "Seitenschuß" gewesen sei, legte er doch Gewicht.

Der Schlacht bei Groß-Görschen folgte die bei Bautzen und dieser wiederum eine Reihe kleinerer Scharmützel und Gefechte. "Die waren dir nun wohl vollkommen gleichgültig?" fragte ich. – "Kann ich durchaus nicht sagen." – "Ich dachte, daß die Macht der Gewohnheit..." – "Diese Macht der Gewohnheit ist im Kriege, wenigstens nach meiner persönlichen Erfahrung, von keinerlei Trost und Bedeutung. Eher das Gegenteil. Man sagt sich, wer drei- oder viermal heil durchgekommen ist, hat Anspruch, das fünftemal dran glauben zu müssen. Eine Karte, die viermal gewonnen, hat immer Chance, das fünftemal zu verlieren."

Nach dem Waffenstillstande, bei Wiederausbruch der Feindseligkeiten, hatte sich meines Vaters Stellung erheblich geändert; er war inzwischen, ich weiß nicht, ob auf seinen Betrieb oder auf Antrag seines Vaters, aus dem Heere zurückgezogen und einer Feldlazarett-Apotheke zugewiesen worden. In dieser machte er nun den Rest des Krieges mit, sprach aber nie davon.

Sommer 1814 war er wieder in Berlin und begann nun in verschiedene Stellungen einzutreten, oder wie der Fachausdruck lautet, "zu konditionieren". Zuerst in Danzig, das er mit der damaligen Fahrpost, wie er gern erzählte, in sechs Tagen und sechs Nächten erreichte. Die dort zugebrachte Zeit blieb ihm durchs Leben eine besonders liebe Erinnerung. Seinem Danziger Engagement folgten ähnliche Stellungen in Berlin selbst, bis 1818 die Zeit für ihn da war, sich zum Staatsexamen zu melden. Als er in den Vorbereitungen dazu war, lernte er unter Verhältnissen, über die ich auf den nächsten Seiten berichten werde, meine Mutter kennen und verlobte sich mit ihr.

Meine Mutter, Emilie Labry, wurde den 21. September 1797 als älteste Tochter des Seidenkaufmanns Labry, Firma Humbert und Labry, geboren. Handelsobjekt der Firma waren nicht gewebte Seidenstoffe, sondern Seidendocken, worauf meine Mutter Gewicht legte. Sie hielt die Docken für vornehmer als Zeug nach der Elle. Ob und wieweit sie darin recht hatte, kann ich nicht sagen; aber dessen entsinne ich mich deutlich, daß sie, vielleicht weil sie in hohem Maße den Sinn für Repräsentation hatte, von den Lebensgewohnheiten ihres Vaters, und zwar viel mehr als von seinem Charakter oder sonstigem Tun, mit einem gewissen freudigen Respekte sprach. Wenn wir als Kinder, und auch später noch als Halberwachsene, mit ihr bei Josty Schokolade tranken und dabei die kleinen, bräunlich gerösteten Korianderbiskuits, die so leicht zerkrümeln und abbrechen, vorsichtig eintunkten, unterließ sie nie, uns zu sagen: "Ja, seht, Kinder, solche Korianderbiskuits, daran hing euer Großvater Labry. Aber aus Schokolade machte er sich nichts. Er trank vielmehr jeden Tag um elf und um sechs ein Glas französischen Rotwein und aß dazu nichts als zwei solcher Biskuits, immer mit den zierlichsten Handbewegungen, und war überhaupt sehr mäßig. Ihr habt nichts davon geerbt, weder die Handbewegungen noch die Mäßigkeit." Letzteres war nun allerdings sehr richtig, denn ich berechnete, während sie so sprach, wie viele Tassen ich wohl würde trinken können.

Meine Großmutter mütterlicherseits, also die Mutter meiner Mutter, war eine geborene Mumme, von deren Familie ich nicht weiß, ob sie nicht, trotz ihres deutsch klingenden Namens, doch vielleicht mit zur Kolonie gehörte. Jedenfalls bildeten die Beziehungen zu den Mummes einen besonderen Stolz meiner Mutter, vielleicht nur deshalb, weil "Onkel Mumme" Rittergutsbesitzer auf Klein-Beeren war und unter anscheinend glänzenden Verhältnissen lebte. Ich entsinne mich, daß er, neben allerhand Chaisen und Halbchaisen, auch einen Char à banc mit langen kirschroten Sammetpolstern besaß, und in diesem weithin leuchtenden Prachtstück, wenn wir in Berlin zu Besuch waren, nach Klein-Beeren hinaus abgeholt zu werden, bedeutete uns allen, aber am meisten meiner Mutter, ein hohes Fest, nicht viel anders, wie wenn wir zu Hofe gefahren wären. Später schlief das alles ein. Ich glaube, Onkel Mummes Stern verblaßte.

Das erwähnte Seidendocken-Geschäft befand sich, wenn ich recht berichtet bin, in der Brüderstraße, und hier verblieb auch die Labrysche Familie, als das Haupt derselben, mein Großvater Labry, bei sehr jungen Jahren (kaum vierzig Jahre alt) gestorben war. Die Witwe bezog ein in der Nähe des Petriplatzes gelegenes Haus, darin sie mehrere Jahre lang die erste Etage bewohnte, denn ihre Mittel waren für damalige Zeit nicht unbedeutend. In eben dieser Wohnung erlebte meine Mutter den Brand der Petrikirche, ein Ereignis, das einen großen Eindruck auf sie machte und bis in ihre letzten Lebensjahre hinein einen bevorzugten Gesprächsstoff für sie bildete. Sie entsann sich jedes Kleinsten, das dabei vorgekommen war. Ihre damals schon kränkelnde Mutter starb wenige Jahre später, und da die von vieler Not begleiteten Kriegszeiten nicht Zeiten waren, in denen Familienangehörige sich der Verwaisten annehmen konnten, so kamen die jüngeren Kinder in das französische Waisenhaus und nur meine Mutter in ein Pensionat, wozu die Zinsen ihres Vermögens vollkommen ausreichten. Sie wurde bald ein Liebling des Kreises, den sie vorfand, und hatte den vollsten Anspruch darauf, denn sie war jederzeit gütig und hilfsbereit. Erst in meinen alten Tagen ist mir der Sinn für ihre Superiorität aufgegangen. Als ich selber noch jung war, erschien mir vieles in ihrer Haltung, besonders meinem Vater gegenüber, zu hart und zu herbe, später indes habe ich einsehen gelernt, wie richtig alles war, was sie tat, vor allem auch, was sie nicht tat, und beklage jetzt jeden gegen sie gehegten Zweifel. Sie war dem ganzen Rest der Familie, der damaligen wie der jetzigen, weit überlegen, nicht an sogenannten Gaben, aber an Charakter, auf den doch immer alles ankommt. Ihre ganz südfranzösische Heftigkeit, die mitunter geradezu ängstliche Formen annahm, war vielleicht nicht immer zu billigen, aber doch schließlich nichts anderes als eine beneidenswerte Kraft, sich über Pflichtverletzung und unsinnige Lebensführung tief empören zu können, und ich muß es als ein großes Unglück ansehen, daß diese mir jetzt klar zutage liegenden Vorzüge von uns allen zwar immer gewürdigt, aber in ihrem vollen Wert und Recht nie ganz erkannt wurden. Ich werde in weiterem vieles zu berichten haben, das diese Worte bestätigt.

Das schon erwähnte Pensionat, in das meine Mutter, achtzehn Jahre alt, eintrat, war das der Madame Lionnet, und unter den verschiedenen Freundinnen, die sie hier fand, stand Louise Rogée obenan, damals eine sehr beliebte, fast gefeierte Schauspielerin, aber wie's scheint, in der Pension verblieben. Eines Tages hieß es, Louise Rogée habe sich verlobt, und zwar mit einem jungen Architekten, dem ältesten Sohne des Kabinettssekretäts Pierre Barthélemy Fontane. Die Nachricht bestätigte sich, und auf einem der gelegentlichen Besuche, die Louise Rogée, jedesmal von einer Pensionsfreundin begleitet, im Hause ihres künftigen Schwiegervaters machte, lernte meine Mutter den *zweiten* Sohn Pierre Barthélemys kennen – meinen Vater. Man fand rasch Gefallen aneinander, und da die Verhältnisse glücklich lagen, kam es sehr bald zur Verlobung, und das Haus meines Großvaters sah auf kurze Zeit zwei Brautpaare unter seinem Dache .

Der Verlobung meines Vaters folgte das Staatsexamen, damals nicht viel mehr als eine Form, und an das glücklich bestandene Examen schloß sich, beinah unmittelbar, der Ankauf der Neu-Ruppiner Apotheke. Am 24. März, dem Geburtstage meines Vaters, war Hochzeit, und drei Tage später traf das junge Paar in seiner neuen Heimat ein.

Zweites Kapitel

Gascogne und Cevennen
Französische Vettern
Unsere Ruppiner Tage

In ihrer Ruppiner Apotheke verlebten meine Eltern die ersten sieben Jahre ihrer Ehe, vorwiegend glückliche Jahre, trotzdem sich schon damals das zeigte, was dieses Glück früher oder später gefährden mußte. Von diesen sieben Jahren werde ich hier zu berichten haben; aber ehe ich zur Darstellung des wenigen übergehe, was ich aus jener Zeit noch weiß, möchte ich, wozu mir das vorige Kapitel nicht Gelegenheit bot, hier noch einiges über den französischen Ursprung meiner Eltern, über ihre Heimat und Abstammung sagen dürfen.

Nicht weit von der Rhonemündung, auf dem etwa zwischen Toulouse und Montpellier gelegenen Gebiet, stoßen von Westen her die Vorlande der Gascogne, von Norden und Osten her die Ausläufer der Cevennen zusammen, und auf diesem verhältnismäßig kleinen Stück Erde, wahrscheinlich im jetzigen Departement Hérault oder doch an seiner Peripherie, waren meine Vorfahren, väterlicher- wie mütterlicherseits, zu Hause. Nächste Nachbarn also. Weil sich indessen auf diesem engen Raume zwei grundverschiedene Volksstämme berühren, so darf es nicht sonderlich überraschen, daß "mes ancêtres", trotz räumlicher Nachbarschaft, dieser Stammesverschiedenheit entsprachen, eine Verschiedenheit, die, völlig unbeeinflußt durch die inzwischen erfolgte Verpflanzung ins Brandenburgische, sich auch noch in meinen Eltern zeigte: mein Vater war ein großer, stattlicher Gascogner voll Bonhomie, dabei Phantast und Humorist, Plauderer und

Geschichtenerzähler, und als solcher, wenn ihm am wohlsten war, kleinen Gasconnaden nicht abhold; meine Mutter andererseits war ein Kind der südlichen Cevennen, eine schlanke, zierliche Frau von schwarzem Haar, mit Augen wie Kohlen, energisch, selbstsuchtslos und ganz Charakter, aber, wie schon in dem Einleitungskapitel erzählt, von so großer Leidenschaftlichkeit, daß mein Vater halb ernst-, halb scherzhaft von ihr zu sagen liebte: "Wäre sie im Lande geblieben, so tobten die Cevennenkriege noch."

Dies paßte jedoch, wie gleich hier bemerkt werden mag, nur ganz allgemein auf ihr leidenschaftliches Temperament, nicht etwa auf ihren Religionseifer. Von diesem hatte sie keine Spur, war vielmehr eminent ein Kind der Aufklärungszeit, in der sie geboren, trotzdem sie, weil sie das Genfertum für vornehmer hielt, mit einem gewissen Nachdruck versicherte: "Wir sind reformiert."

Gascogne und Cevennen lagen für meine Eltern, als sie geboren wurden, schon um mehr als hundert Jahre zurück, aber die Beziehungen zu Frankreich hatten beide, wenn nicht in ihrem Herzen, so doch in ihrer Phantasie, nie ganz aufgegeben. Sie repräsentierten noch den unverfälschten Kolonistenstolz. Weil sie aber stark empfinden mochten, daß mit ihren nachweisbaren Ahnen, die bei den Fontanes als Zinngießer, potiers d'étain, bei den Labrys als Strumpfwirker, faiseurs de bas, feststanden, nicht viel Staat zu machen sei, so ließen sie die amtlich geführte kolonistische Stammtafel fallen und suchten statt dessen, auf gut Glück, nach vornehmen französischen Vetterschaften, also nach einem wirklichen oder eingebildeten Familienanhang, der, in der alten Heimat zurückgeblieben, sich mittlerweile zu Ruhm und Ansehn emporgearbeitet hatte. Mein Vater hatte es darin leichter als meine Mutter, weil er wenigstens innerhalb seines Namens bleiben konnte. Zu Paris lebte nämlich, bis in die zwanziger Jahre dieses Jahrhunderts, Louis de Fontanes, seinerzeit Großmeister der Universität und Unterrichtsminister, der, unter Napoleon, bei den verschiedensten feierlichen Gelegenheiten immer die großen Kasualreden gehalten hatte, ein sehr kluger, sehr feiner, sehr vornehmer Herr, dessen Familie, wie man in allen Büchern nachlesen konnte, wirklich im südlichen Frankreich, wenn auch nicht zwischen Toulouse und Montpellier zu Hause war. Dieser wurde nun ohne weiteres als Vetter erklärt, wobei der Umstand, daß er sich mit einem "s" schrieb, als besonderer und ausschlaggebender Beweis der Familienzugehörigkeit angesehen wurde. Unsere Familie wußte nämlich aus Tradition, daß auch mein Großvater, der Kabinettssekretär der Königin, sich, bis etwa zu Beginn des Jahrhunderts, "Fontanes" geschrieben und dann erst, aus unaufgeklärtem Grunde, das "s" weggelassen habe. Diese Tradition wurde durch allerhand Schriftstücke bestätigt; mein Vater aber ging weiter und nahm, weil es ihm so paßte, den durch die Schriftstücke geführten Beweis des Nebensächlichen zugleich als Beweis für die Hauptsache, mit andern Worten, die bewiesene Namensvetterschaft als bewiesene Blutsverwandtschaft. Was übrigens als ein glänzender Coup gelten konnte. Denn hätten wir noch "Fontanes" geheißen, wodurch wir dem Großmeister, wenn auch nicht um viel, so doch immerhin um ein "s" näher gekommen wären, so wäre der den Rest der Sache mit einschmuggelnde Nebenbeweis von vornherein weggefallen. Daß mein Vater solche Phantasiebeziehungen pflegte, durfte nicht wundernehmen; er war, wie schon oben kurz angedeutet, durch sein ganzes Leben hin der Typus eines humoristischen Visionärs und erging sich gern in mitunter grotesken Ausmalungen, über die er dann auch wieder zu lachen verstand. Aber daß meine ganz auf Verständigkeit und beinah Nüchternheit gestellte Mutter ihm in allem, was altfranzösische Verwandtschaft anging, nicht bloß nacheiferte, sondern ihn darin womöglich noch übertrumpfte, das durfte füglich überraschen. Es war das einer jener halb rätselhaften Widersprüche, wie sie sich in jeder Menschennatur vorfinden. Indessen, worin immer auch der Grund gesucht und gefunden werden möge, Tatsache bleibt es, daß sich meine Mutter – die, wenn *dies* Thema zur Verhandlung kam, selbst den sonst so gefeierten "Onkel Mumme" fallenließ – für ganz nahe verwandt mit dem Kardinal Fesch hielt, der bis zur Wiederherstellung des bourbonischen Königtums Erzbischof von Lyon war. Kardinal Fesch, geboren zu Ajaccio und erst 1839 in Rom gestorben, war der Stiefbruder der Lätitia Bonaparte, also nicht mehr und nicht weniger als der Onkel Napoleons, durch dessen Beistand er denn auch seine große Laufbahn machte. Mit Hilfe welcher Überlieferung es meiner Mutter gelungen war, diese vornehme Verwandtschaft festzustellen, habe ich nie in Erfahrung gebracht; ich weiß nur, daß es ein Schauspiel für Götter war, wenn wir, selbst noch in späteren Lebensjahren, beide Eltern, wie auf den meisten anderen Gebieten, so auch auf diesem, sich mehr oder weniger ernsthaft befehden sahen, gewöhnlich unter voraufgehender Feststellung der Rangverhältnisse zwischen einem Großmeister der Universität und einem Kardinal-Erzbischof. Daß wir Kinder dem allem sehr kritisch gegenüber standen, braucht nicht erst versichert zu werden.

Ich fahre nun in meiner eigentlichen Erzählung fort.

Am 27. März 1819 waren meine Eltern in Ruppin eingetroffen; am 30. Dezember selbigen Jahres wurde ich daselbst geboren. Es war für meine Mutter auf Leben und Sterben, weshalb sie, wenn man ihr vorwarf, sie bevorzuge mich, einfach antwortete: "Er ist mir auch am schwersten geworden." In dieser bevorzugten Stellung blieb ich lange, bis nach achtzehn Jahren ein Spätling, meine jüngste

Schwester, geboren wurde, bei der ich Pate war und sie sogar über die Taufe hielt. Das war eine große Ehre für mich, ging aber mit meiner Dethronisierung durch eben diese Schwester Hand in Hand. Als jüngstes Kind rückte sie selbstverständlich sehr bald in die Lieblingsstellung ein.

Ostern 1819 hatte mein Vater die Neu-Ruppiner Löwen-Apotheke in seinen Besitz gebracht. Ostern 1826, nachdem noch drei von meinen vier Geschwistern an eben dieser Stelle geboren waren, gab er diesen Besitz wieder auf. Dieser frühe Wiederverkauf des erst wenige Jahre zuvor unter den günstigsten Bedingungen, man konnte sagen "für ein Butterbrot", erstandenen Geschäfts wurde später, wenn das Gespräch darauf kam, immer als verhängnisvoll für meinen Vater und die ganze Familie bezeichnet. Aber mit Unrecht. Das "Verhängnisvolle", das sich viele Jahre danach – glücklicherweise auch da noch in erträglicher Form, denn mein Papa war eigentlich ein Glückskind – einstellte, lag nicht in dem Einzelakte dieses Verkaufs, sondern in dem Charakter meines Vaters, der immer mehr ausgab, als er einnahm, und von dieser Gewohnheit, auch wenn er in Ruppin geblieben wäre, nicht abgelassen haben würde. Das hat er mir, als er alt und ich nicht mehr jung war, mit der ihm eigenen Offenheit viele, viele Male zugestanden. "Ich war noch ein halber Junge, als ich mich verheiratete", so hieß es dann wohl, "und aus meiner zu frühen Selbständigkeit erklärt sich alles." Ob er darin recht hatte, mag dahingestellt sein. Er war überhaupt eine ganz ungeschäftliche Natur, nahm ihm vorschwebende Glücksfälle für Tatsachen und überließ sich, ohne seiner auch in besten Zeiten doch immer nur bescheidenen Mittel zu gedenken, der Pflege "nobler Passionen". Er begann mit Pferd und Wagen, ging aber bald zur Spielpassion über und verspielte, während der sieben Jahre von 1819 bis 26, ein kleines Vermögen. Der Hauptgewinner war ein benachbarter Rittergutsbesitzer. Als mir dreißig Jahre später der Sohn dieses Rittergutsbesitzers eine kleine Summe Geld lieh, sagte mein Vater: "Das stecke nur ruhig ein; sein Vater hat mir ganz allmählich zehntausend Taler in Whist en trois abgenommen." Vielleicht war diese Zahl zu hoch gegriffen, aber wie's damit auch stehen mochte, die Summe war jedenfalls bedeutend genug, um sein Credit und Debet außer Balance zu bringen, und ihn, neben andrem, auch zu einem sehr säumigen Zinszahler zu machen. Dies wäre nun, unter gewöhnlichen Verhältnissen, wo man etwa zu Hypotheken-Einschreibungen und ähnlichem hätte greifen können, eine Zeitlang ganz ertragbar gewesen; zum Unglück aber traf es sich so, daß meines Vaters Hauptgläubiger sein eigener Vater war, der nun Gelegenheit nahm, seinem nur zu berechtigten Unmute, sei's in Briefen, sei's bei persönlichen Zusammenkünften, Ausdruck zu geben. Das Bedrückliche der Situation zu steigern, sahen sich diese

Vorwürfe durch meine ganz auf schwiegerväterlicher Seite stehende Mutter unterstützt, bzw. verdoppelt. Kurzum, je weiter die Sache gedieh, je mehr geriet mein Vater zwischen zwei Feuer, und lediglich um aus dieser sein Selbstgefühl beständig verletzenden Lage herauszukommen, entschloß er sich zum Verkauf seines Besitztums, dessen besondere Ertragsfähigkeit ihm, trotzdem er das Gegenteil von einem Geschäftsmann war, so gut wie jedem anderen einleuchtete. Seine ganze Rechnung dabei stellte sich überhaupt – wenigstens zunächst und von seinem Standpunkte aus angesehen – als durchaus richtig und vorteilhaft heraus. Er erhielt nämlich beim Verkauf der Apotheke das Doppelte von dem, was er seinerzeit gezahlt hatte, und sah sich dadurch mit einemmal in der Lage, seine Gläubiger, die zugleich seine Ankläger waren, zufriedenstellen zu können. Das geschah denn auch. Er zahlte seinem Vater die vorgeschossene Summe zurück, fragte seine Frau, halb scherzhaft, halb spöttisch, ob sie ihr Vermögen vielleicht "sicherer und vorteilhafter" anlegen wolle, und erreichte dadurch das, wonach er sich sieben Jahre lang gesehnt hatte: Freiheit und Selbständigkeit. Aller lästigen Bevormundung überhoben, war er plötzlich so weit, "sich nichts mehr sagen lassen zu müssen". Und das war recht eigentlich der Punkt, um den sich's sein Lebelang für ihn handelte. Danach dürstete er von Jugend an bis in sein Alter; weil er's aber nicht gut einzurichten verstand, so ist er zu dieser ersehnten Freiheit und Selbständigkeit immer nur tag- und wochenweise gekommen. Er war, um einen seiner Lieblingsausdrücke zu gebrauchen, beständig in der "Bredouille", sah sich finanziell immer beunruhigt und gedachte deshalb der nun anbrechenden, zwischen Ostern 1826 und Johanni 1827 liegenden kurzen Epoche bis zu seinem Lebensausgange mit besonderer Vorliebe. Denn es war die einzige Zeit für ihn gewesen, wo die "Bredouille" geruht hatte.

Über dieses fünfvierteljährige glückliche Interim habe ich zunächst zu berichten.

Wir verlebten diese Zwischenzeit in einer in Nähe des Rheinsberger Tores gelegenen Mietswohnung, einer geräumigen aus einer ganzen Flucht von Zimmern bestehenden Beletage. Beide Eltern waren denn auch, was häusliche Bequemlichkeit angeht, mit dem Tausche leidlich zufrieden, ebenso die Geschwister, die für ihre Spiele Platz die Hülle und Fülle hatten. Nur ich konnte mich nicht zufrieden fühlen und habe das Mietshaus bis diesen Tag in schlechter Erinnerung. Es war nämlich ein Schlächterhaus, was nie mein Geschmack war. Durch den langen dunklen Hof hin zog sich eine Rinne, drin immer Blut stand, während am Ende des einen Seitenflügels, an einer schräg gestellten Leiter, ein in der Nacht vorher geschlachtetes Rind hing. Glücklicherweise war ich nie Zeuge der entsprechenden Vorgänge, mit Ausnahme der Schweineschlachtung. Da ließ sich's mitunter nicht vermeiden. Ein Tag ist mir noch deutlich im Gedächtnis. Ich stand auf dem Hausflur und sah durch die offenstehende Hintertür auf den Hof hinaus, wo gerade verschiedene Personen, quer ausgestreckt, über dem schreienden Tier lagen. Ich war vor Entsetzen wie gebannt, und als die Lähmung endlich gewichen war, machte ich, daß ich fortkam und lief die Straße hinunter durch's Tor auf den "Weinberg" zu, ein bevorzugtes Vergnügungslokal der Ruppiner. Ehe ich aber daselbst ankam, nahm ich, um zu verschnaufen, eine Rast auf einem niedrigen Erdhügel. Den ganzen Vormittag war ich fort. Bei Tische hieß es dann: "Um Himmels willen, Junge, wo warst du denn so lange?" Ich erzählte nun ehrlich, daß ich vor dem Anblick unten auf dem Hofe die Flucht ergriffen und auf halbem Wege nach dem Weinberge hin auf einem Erdhügel gerastet und meinen Rücken an einen zerbröckelten Pfeiler gelehnt hätte. "Da hast du ja ganz gemütlich auf dem Galgenberge gesessen", lachte mein Vater. Mir aber war, als lege sich mir schon der Strick um den Hals, und ich bat, von Tisch aufstehen zu dürfen.

Um eben diese Zeit kam ich in die Klippschule, was nur in der Ordnung war, denn ich ging in mein siebentes Jahr. Der Lehrer, der Gerber hieß, machte von seinem Namen weiter keinen Gebrauch und war überhaupt sehr gut. Ich zeigte mich auch gelehrig und machte Fortschritte; meine Mutter hielt es aber doch für ihre Pflicht, hier und da, namentlich im Lesen, nachzuhelfen, und so stand ich jeden Nachmittag an ihrem kleinen Nähtisch und las ihr aus dem "Brandenburgischen Kinderfreund", einem guten Buche mit nur leider furchtbaren Bildern, allerlei kleine Geschichtchen vor. Ich machte das wahrscheinlich ganz erträglich, denn gut lesen und schreiben können, beiläufig etwas im Leben sehr Wichtiges, ist eine Art Erbgut in der Familie; meine Mutter war aber nicht leicht zufriedenzustellen und ging außerdem davon aus, daß loben und anerkennen den Charakter verdürbe, was ich übrigens auch heute noch nicht für richtig halte. Bei dem kleinsten Fehler zeigte sie die "rasche Hand", über die sie überhaupt verfügte. Von Laune war dabei keine Rede; sie verfuhr vielmehr lediglich nach dem Prinzip: "Nur nicht weichlich." Ein Schlag zuviel konnte nie schaden, und ergab sich, daß ich ihn eigentlich nicht verdient hatte, so galt er als Ausgleich für all die Dummheiten, die nur zufällig nicht zur Entdeckung gekommen waren. "Nur nicht weichlich." Dies ist gewiß ein sehr guter Grundsatz, und ich mag ihn nicht tadeln, trotzdem er mir nichts geholfen und zu meiner Abhärtung nichts beigetragen hat; aber wie man sich auch dazu stellen möge, meine Mutter ging im Hartanfassen dann und wann etwas zu weit. Ich hatte lange blonde Locken, weniger zu meiner eigenen, als zu meiner Mutter Freude; denn um diese Locken in ihrer angeblichen Schönheit zu erhalten, wurde ich den andauerndsten und gelegentlich schmerzhaftesten Kämmprozeduren unterworfen, dem Kämmen mit dem sogenannten engen Kamm. Wäre ich damals aufgefordert worden, mittelalterliche Marterwerkzeuge zu nennen, so hätte der "enge Kamm" mit obenangestanden. Eh nicht Blut kam, eh, war die Sache nicht vorbei; anderen Tages wurde die kaum geheilte Stelle wieder mit verdächtigem Auge angesehen, und so folgte der einen Quälerei die andere. Freilich, wenn ich, was möglich, es dieser Prozedur verdanken sollte, daß ich immer noch einen bescheidenen Bestand von Haar habe, so habe ich nicht umsonst gelitten und bitte reumütig ab. Neben dieser sorglichen Behandlung der Kopfhaut stand eine gleich fürsorgliche Behandlung des Teint. Aber auch diese Fürsorge lief auf Anwendung zu scharf einschneidender Mittel hinaus. Wenn bei Ostwind oder starker Sonnenhitze die Haut aufsprang, hatte meine Mutter das unfehlbare Heilmittel der Zitronenscheibe zur Hand. Es half auch immer. Aber Cold Cream oder ähnliches wäre mir doch lieber gewesen und hätt' es wohl auch getan. Übrigens verfuhr die Mama mit gleicher Unerbittlichkeit gegen sich selbst, und wer mutig in die Schlacht vorangeht, darf auch Nachfolge fordern.

Ich wurde, wie schon erwähnt, während der Zeit, wo wir die Mietswohnung innehatten, sieben Jahre alt, gerade alt genug, um allerlei zu behalten, weiß aber doch herzlich wenig aus jener Zeit. Nur zweier Ereignisse erinnere ich mich, wobei wahrscheinlich eine starke Farbenwirkung auf mein Auge mein Gedächtnis unterstützte. Das eine dieser Ereignisse war ein großes Feuer, bei dem die vor dem Rheinsberger Tore gelegenen Scheunen abbrannten. Es war aber, wie ich gleich vorweg zu bemerken habe, nicht der Scheunenbrand selbst, der sich mir einprägte, sondern eine sich unmittelbar vor meinen Augen abspielende Szene, zu der das Feuer, dessen Schein ich nicht mal sah, nur die zufällige Veranlassung gab. Meine Eltern befanden sich an jenem Tage auf einem kleinen Diner, ganz am entgegengesetzten Ende der Stadt. Als die Tischgesellschaft von der Nachricht, daß alle Scheunen in Feuer stünden, überrascht wurde, stand es für meine Mutter, die eine sehr nervöse Frau war, sofort fest, daß ihre Kinder mit verbrennen müßten oder mindestens in schwerer Lebensgefahr schwebten, und von dieser Vorstellung ganz und gar beherrscht, stürzte sie von der Tafel fort, die lange Friedrich-Wilhelm-Straße hinunter und trat ohne Hut und Mantel und das Haar von dem stürmisch eiligen Gange halb aufgelöst, in das große Frontzimmer unserer Wohnung, darin wir, aus den Betten geholt und mit Decken zugedeckt, schon auf Kissen und Fußbänken umhersaßen. Unserer ansichtig werdend, schrie sie vor

Glück und Freude laut auf und brach dann ohnmächtig zusammen. Als im nächsten Augenblicke verschiedene Personen, darunter auch die Wirtsleute, mit Lichtern in der Hand herzukamen, empfing das Gesamtbild, das das Zimmer darbot, eine grelle Beleuchtung, am meisten das dunkelrote Brokatkleid meiner Mutter und das schwarze Haar, das darüber fiel, und dies Rot und Schwarz und die flackernden Lichter drum herum, das alles blieb mir bis diese Stunde.

Das andre Bild, oder sag' ich lieber die zweite kleine Geschichte, die mir noch im Gedächtnis lebt, entbehrte durchaus des Dramatischen, aber die Farbe kam mit auch dabei zu Hilfe. Nur daß es Gelb war statt Rot. Leider muß ich bei dieser zweiten kleinen Geschichte ziemlich weit ausholen. Mein Vater machte während des Interimsjahres öfters Reisen nach Berlin. Einmal, es mochte Monat Oktober sein und das Abendrot schimmerte schon zwischen den Bäumen des Stadtwalls, stand ich unten in unsrem Torweg und sah meinem Vater zu, der sich eben die Fahrhandschuhe mit einem gewissen Aplomb anzog, um dann mit einem Ruck auf den Vordersitz seines kleinen Kaleschwagens hinaufzusteigen. Auch meine Mutter war da. "Der Junge könnte eigentlich mitfahren", sagte mein Vater. Ich horchte hoch auf, beglückt in meiner kleinen Seele, die schon damals nach allem, was einen etwas aparten und das nächtlich Schauerliche streifenden Charakter hatte, begierig verlangte. Meine Mutter stimmte meines Vaters Vorschlage sofort zu, was ich mir nur so deuten kann, daß sie von ihrem Lieblingskinde mit den schönen blonden Locken einen guten Eindruck auf den Großvater, zu dem die Reise ging, erwartete. "Gut", sagte sie, "nimm den Jungen mit. Ich will ihm aber erst einen warmen Rock überziehen." – "Nicht nötig; ich stecke ihn in den Fußsack." Und wirklich, ich wurde hinaufgereicht und wie ich da ging und stand in den Fußsack gesteckt, der vorn auf dem Wagen lag, alles offen, nicht einmal eine Ledertrommel darüber ausgespannt. Kam ein Stein, oder gab's einen Stoß, so konnte ich mit Bequemlichkeit herausfliegen. Aber diese Vorstellung störte meine Freude keinen Augenblick. In raschem Trabe ging es über Alt-Ruppin auf Cremmen zu, und lange bevor wir dieses, das ungefähr halber Weg war, erreicht hatten, zogen die Sterne herauf und wurden immer heller und blitzender. Entzückt sah ich in die Pracht, und kein Schlaf kam in meine Augen. Ich bin nie wieder so gefahren; mir war, als reisten wir in den Himmel. Gegen acht Uhr früh hielt unser Gefährt vor dem Hause meines Großvaters, der es, was hier noch eingeschaltet werden mag, mit Hilfe dreier, in guten Abständen geheirateter Frauen erst vom Zeichenlehrer zum Kabinettssekretär und ganz zuletzt, was noch wichtiger, sogar zum gutsituierten Berliner Hausbesitzer gebracht hatte, freilich nur in der Kleinen Hamburger Straße. Seinen Söhnen und Enkeln ist die sich hierin aussprechende Lebekunst verlorengegangen.

Wir stiegen nun treppauf und traten ein. Was uns empfing, war zunächst ein anheimelndes Idyll. Pierre Barthélemy und seine dritte Frau – übrigens eine vorzügliche Dame, die ich später noch sehr verehren lernte – saßen gerade beim Frühstück. Alles war höchst mollig. Ein Meißener Service stand auf dem Tisch, und zwischen den Tassen und Kannen bemerkte ich einen ebenfalls blau und weiß gemusterten Korb von zierlich durchbrochener Arbeit, mit Berliner Milchbroten darin. Die waren damals natürlich anders als jetzt, viel größer und von kreisrunder Form, dabei hell gebacken und doch knusprig. Über dem Sofa hing ein großes, ganz vor kurzem erst von der Hand Professor Wachs' gemaltes Ölbild des Großvaters. Es war sehr gut und lebensvoll, aber ich hätte den ausdrucksvollen Kopf und vielleicht die ganze Besuchsszene vergessen, wenn nicht die schwarz und *schwefelgelb* gestreifte Weste gewesen wäre, die Pierre Barthélemy, wie ich später erfuhr, gewohnheitsmäßig trug und die auch, dementsprechend, einen wesentlichen Teil des ihm zu Häupten hängenden Bildes ausmachte. Wir nahmen selbstverständlich an dem Frühstück teil, und die Großeltern, fein geschulte Leute, ließen nicht allzuviel davon merken, daß ihnen der ganze Besuch mit seinen voraussichtlich geschäftlichen Auseinandersetzungen eigentlich eine Störung war. Aber freilich, von Zärtlichkeit gegen mich war den ganzen Tag über keine Rede, so daß ich herzlich froh war, als es am Abend wieder nach Hause ging. Erst viel später ist mir klargeworden, daß die Nüchternheit, der ich begegnete, nicht mir armem Kinde, sondern, wie schon angedeutet, meinem Vater galt. Ich mußte nur mit leiden. Der äußersten Solidität des Großvaters war der sichere, lebemännische Ton seines Sohnes, der sich durch seinen glücklichen Verkaufscoup mit einem Male selbständig und als Mann von Vermögen fühlte, derart unbequem und bedrücklich, daß meine blonden Locken, auf deren Eindruck meine Mutter so sicher gerechnet hatte, ganz und gar versagten.

Ich bemerkte schon, daß solche Ausflüge nach Berlin damals öfters stattfanden, aber noch häufiger waren Reisen in die Provinz, weil es meinem Vater oblag, sich nach einem neuen Apothekenbesitz umzutun. Wär' es nach ihm gegangen, so hätte er diesen Zustand der Dinge wohl nie geändert und das Interim in Permanenz erklärt; denn er hatte, während ihm die Spielpassion eigentlich nur durch den Wunsch, die Zeit hinzubringen, aufgedrungen war, eine ganz aufrichtige Passion für Pferd und Wagen, und sein Lebelang in der Welt umherzukutschieren, immer auf der Suche nach einer Apotheke, ohne diese je finden zu können, wäre wohl eigentlich sein Ideal gewesen. Er sah aber ein, daß das unmöglich sei – wenige Reisejahre würden sein Vermögen aufgezehrt haben – und so war er denn nur beflissen, sich, weil's ihm so paßte, vor Ankaufsübereilungen zu bewahren. Je kritischer er verfuhr, je länger konnte er seine Fahrten fortsetzen und seinem geliebten Schimmel, einem übrigens reizenden Tiere, jeden Abend ein neues Quartier bereiten. Ich sage seinem Schimmel, denn ein gutes Quartier für diesen lag ihm mehr am Herzen als sein eignes. Dreiviertel Jahre, bis Weihnachten 26, ist er denn auch vielfach, um nicht zu sagen meistens, unterwegs gewesen, und zwar auf einem ziemlich umfangreichen Gebiete, das außer der Provinz Brandenburg auch noch Sachsen, Thüringen und zuletzt Pommern umschloß. Diese Reisezeit war später ein bevorzugter Unterhaltungsstoff beider Eltern, auch meiner Mutter, die sich sonst ziemlich ablehnend gegen die Lieblingsthemata meines Vaters verhielt. Daß sie hier einen Ausnahmefall eintreten ließ, hatte zum Teil seinen Grund darin, daß mein Vater in dieser seiner Reisezeit viele an seine junge Frau gerichtete "Liebesbriefe" geschrieben hatte, die nun als solche zu persiflieren zeitlebens ein Hauptvergnügen meiner Mutter war. "Ihr müßt nämlich wissen, Kinder", so hieß es dann wohl, "ich habe noch eures Vaters Liebesbriefe; so was Hübsches hebt man sich eben auf, und einen kann ich sogar auswendig, wenigstens den Anfang. Dieser eine kam aus Eisleben, und darin schrieb er mir: ›Ich bin hier heute nachmittag angekommen und habe ein recht gutes Quartier gefunden. Auch für den Schimmel, der sich vorn etwas gedrückt hat. Aber davon will ich dir heute nicht schreiben, sondern nur davon, daß dies der Ort ist, wo Martin Luther am 10. November 1483 geboren wurde, neun Jahre vor der Entdeckung von Amerika‹... Da habt ihr euren Vater als Liebhaber. Ihr seht, er hätte einen Briefsteller herausgeben können."

Dies alles war seitens meiner Mutter nicht bloß ziemlich ernsthaft, sondern leider auch bitter gemeint; sie litt darunter, daß mein Vater, so sehr er sie liebte, von Zärtlichkeitsallüren auch nie eine Spur gehabt hatte. Das Reisen dauerte dreiviertel Jahr und ging zuletzt in östlicher Richtung auf die Odermündung zu. Kurz vor Weihnachten fuhr er mit der Fahrpost, weil ihm sein Schimmel zu schade für die Winterstrapazen sein mochte, nach Swinemünde, das er bei 26 Grad Kälte erreichte. Der Kognak in seiner Flasche war zu einem Eisklumpen gefroren. Desto wärmer empfing ihn die verwitwete Frau Geisler, die, weil ihr das Jahr vorher der Mann gestorben war, ihre Apotheke so schnell wie möglich zu verkaufen wünschte. Dazu kam es denn auch. In dem, diesen Geschäftsabschluß anmeldenden Briefe hieß es: "Wir haben nun eine neue Heimat, die Provinz Pommern, Pommern, von dem man vielfach falsche Vorstellungen hat; denn es ist eigentlich eine Prachtprovinz und viel reicher als die Mark. Und wo die Leute reich sind, lebt es sich auch am besten. Swinemünde selbst ist zwar ungepflastert, aber Sand ist besser als schlechtes Pflaster, wo die Pferde ewig was am Spann haben. Freilich ist noch ein halbes Jahr bis zur Übergabe, was ich beklage. Man muß doch wieder etwas tun, wieder eine Beschäftigung haben."

Drei Tage nach Eingang dieses Briefes war er selber wieder da. Wir wurden verschlafen aus den Betten geholt und mußten uns freuen, daß es nach Swinemünde gehe.

Mir klang das Wort bloß befremdlich.

Drittes Kapitel

Unsere Übersiedelung nach Swinemünde
Ankunft daselbst

Das halbe Jahr bis zur Übernahme des neuen Geschäfts verging langsam, aber es verging. Etwa Ende Mai begann das Verpacken und Aufladen unseres inzwischen durch den Tod des Großvaters vermehrten Mobiliarvermögens, und als vier Wochen später die Nachricht kam, daß alles glücklich in der neuen Heimat angelangt sei, brachen wir am Johannistage 1827 auf, um selber die Reise dorthin zu machen. Meine Mutter war nicht mit dabei, sie hatte sich Mitte Juni nach Berlin begeben, um sich daselbst einer Nervenkur bei dem damals berühmtesten Arzte, dem Geheimrat Horn zu unterziehen. Horn empfahl ihr das, was noch heute empfohlen wird. "Verpflegen Sie sich gut, meine verehrte Frau (man sagte damals in bürgerlichen Kreisen noch nicht ›meine gnädige Frau‹) und suchen Sie sich unangenehmen Eindrücken nach Möglichkeit zu entziehn." Und gerade so wie jetzt; dieser ärztliche Rat half auch, solange es möglich war, ihm nachzukommen. In Berlin, unter den dort lebenden Freundinnen aus der Lionnetschen Pension, hatte sich das tun lassen; als meine Mutter aber etliche Wochen später in Swinemünde eintraf und vieles anders fand, als sie wünschte, war es mit "Vermeidung unangenehmer Eindrücke" vorbei, und die Nervenzustände stellten sich wieder ein.

Unsere Reise hatte mittlerweile begonnen und ging, auf drei Tage berechnet, auf nächstem Wege durch Uckermark, Mecklenburg-Strelitz und Schwedisch-Pommern. Wir waren, groß und klein, sechs Personen: mein Vater, vier Kinder und die Amme des jüngsten Kindes, eine zigeunerhafte, häßliche Wendin, von, wie sich später herausstellte, schlechtem Charakter, die sich durch nichts als durch eminente spezielle Berufserfüllung meinem erst halbjährigen jüngsten

Bruder gegenüber auszeichnete. Den ersten Tag kamen wir bis Neu-Strelitz, wo sich uns ein für die Apotheke brieflich engagierter Gehilfe zugesellte, Herr Wolff, ein sehr hübscher krausköpfiger Mann, und trotzdem er Mecklenburger war, von durchaus brünettem Typus. Er empfahl sich unserm Hause, wie gleich hier bemerkt werden mag, durch Brauchbarkeit und gute Manieren und hatte das Glück, seine durch zwei lange Jahre hin nicht bloß von Erfolgen, sondern auch von "Folgen" begleiteten Liebesverhältnisse beständig pardonniert zu sehen, bis ihm endlich eine junge bildschöne Person, ein Liebling meiner Eltern, zum Opfer fiel. Da fiel er denn, sehr berechtigt, mit. Aber das alles stand zu der Zeit, von der ich, hier spreche, noch weit aus. Vorläufig war er, trotz weiterer Beengung des ohnehin engen Platzes, ein sehr angenehmer Reisegefährte, der sich mit uns Kindern ebenso geschickt wie liebenswürdig unterhielt und in seiner mehr als korrekten Haltung der Amme gegenüber auch nicht das geringste von seiner starken "schwachen Seite" vermuten ließ. Der zweite Tag führte uns bis Anklam. "Hier sind wir nun schon in Pommern", sagte mein Vater, der eine Gelegenheit, etwas Geographisch-Historisches anzubringen, nicht gern vorübergehen ließ. "Anklam hat den höchsten Turm in ganz Pommern, und Gustav Adolf ist, so viel ich weiß, hier durchgekommen. Es ist aber auch möglich, daß es Karl XII. war." Von Anklam bis Swinemünde war die kürzeste Wegstrecke, nur noch sechs Meilen. Auf einer Fähre setzten wir, ich weiß nicht mehr von welchem Punkt aus, nach der Insel Usedom über und fuhren nun unserm Ziele zu. Das letzte Dorf hieß Kamminke. Halben Wegs zwischen diesem Dorf und Swinemünde selbst passierten wir eine mitten im Walde gelegene Bohlenbrücke, zu deren beiden Seiten sich eine dunkelschwarze Wasserfläche mit weißen Nymphäen ausbreitete; die niedergehende Sonne stand schon hinter den Tannen, und ein roter Schimmer, der zwischen den Wipfeln glühte, spiegelte sich unten in dem schönen und zugleich etwas unheimlichen Teich. Es steht vor mir, als hätt' ich es gestern gesehen. Bald hinter dieser Brücke hörte der Wald auf, und ein kurzer chaussierter Weg kam, von dem aus man, etwas zurückgelegen, ein weites Moor überblickte, darauf, wie Indianerhütten, die ich aus meinen Bilderbüchern kannte, zahllose Torfpyramiden standen. Der chaussierte Weg, auf dem wir fuhren, war von jungen Silberpappeln eingefaßt, und als diese kurze Chausseestrecke hinter uns lag, begann die Stadt selbst, deren erstes Haus nicht weit ab zu unsrer Linken, auf einer kleinen Anhöhe lag. Ein Tischler wohnte darin, Das Strohdach des Hauses hing weit herab und ließ den Lehm- und Fachwerkbau mit seinen Fensterchen nur undeutlich erkennen, aber neben dem Hause zog sich ein Hof- und Gartenstreifen, und auf einem den Garten durchschneidenden und allmählich ansteigenden Wege stand ein Sarg, der, weil eben mit einem frischen Lack gestrichen, hell in der Abendsonne blinkte. Das war der Empfang. Ich erschrak in meinem Kinderherzen und wies scheu darauf hin, aber mein Vater wollte von Angst und schlechter Vorbedeutung nichts wissen und sagte: "Sei nicht so dumm. Das ist das Beste, was uns passieren kann. Das ist, wie wenn einem eine Karre mit einem toten Pferd darauf begegnet, und das hier ist noch besser. Das tote Pferd bedeutet immer bloß Geld, aber ein Sarg, bedeutet Glück überhaupt. Und bei allem Respekt vor Geld; Glück ist noch besser. Glück ist alles. Wir werden also hier Glück haben. Nicht wahr, Herr Wolff? Glück, sag' ich. Und Sie auch." Herr Wolff nickte. Übrigens hatte mein Vater ganz recht prophezeit. Es ging uns gut hier, und was mitunter anders aussah, daran war das Glück nicht schuld; das tat, umgekehrt, sein möglichstes für uns.

Mit dem Tischlerhause begann die Stadt, aber mir wollte es noch immer nicht so vorkommen, als führen wir schon wirklich in eine Stadt hinein. Ein Tor war nicht da, Pflaster auch nicht, Menschen auch nicht. Der Abstand zwischen den Häuserreihen links und rechts war unendlich breit und jedes Haus klein und häßlich, viele noch mit Strohdach. Ein Glück, daß die meisten einen Giebel hatten, der, mit einer Flaggenstange zu Häupten, aus dem eigentlichen Frontdach herauswuchs. So mahlten wir im Sande weiter, bis wir, nach Passierung etlicher Querstraßen, einen großen, merkwürdig geformten Platz erreichten, halb kahl, halb hoch im Gras stehend, ganz nach Art einer dörfischen Gänsewiese. Auf diesem völlig ungepflegten Platze, der, wie uns etliche auf hohen Böcken liegende Baumstämme zeigten, zugleich auch als Holzsägeplatz diente, ragte ein scheunenartiger Bau mit hohen Fenstern auf: die Kirche. Dieser gegenüber und nur durch die Straßenbreite von ihr getrennt, stand ein mit Feuerherdsrot gestrichenes Haus, dessen endlos aufsteigendes Dach wohl fünfmal so hoch war als das Haus selber. Drei, vier umherstehende, von einem Holzgitter eingefaßte Kastanienbäume ließen, außer dem hohen Dache, wenig erkennen. Zwischen Haus und Kirche aber hielt jetzt unser Wagen, und mein Vater, der mein verlegenes Gesicht sehen mochte, sagte mit aufgesteifter Heiterkeit: "Da sind wir nun, also. Gott segne unsern Eingang. Hier gleich das erste Zimmer rechts, Herr Wolff, das ist das Ihre." Herr Wolff verbeugte sich, schien aber noch verwunderter als ich. Nur der Amme war nichts anzumerken.

Ein paar Personen, die bestimmt waren, vorläufig wohl oder übel den Hausstand zu führen, standen an der mit beiden Flügeln geöffneten Haustür und kamen uns etwas verlegen entgegen. "Ein Abendbrot ist doch wohl da", sagte mein Vater, und ehe wir noch darüber beruhigt waren, traten wir auch schon in einen gelb gestrichenen, mit Mauersteinen gepflasterten Flut, der durch die ganze Tiefe des Hauses lief. Auch das berührte mich ganz eigentümlich. Zum Glück aber war von Anfang an immer etwas da, was mit dem Rohen und Unkultivierten wieder versöhnen mußte. So gestattete mir der gepflasterte Flur, weil seine Hintertür weit offen stand, einen Blick in den Garten und auf den Abendhimmel, an dem eben die schmale Mondsichel sichtbar wurde. Das blasse Licht derselben fiel auf eine Geißblattlaube, vor deren halbüberwachsenem Eingang eine ziemlich junge Tanne stand. Dieser Anblick erfüllte mich mit etwas wie Hoffnung, und diese Hoffnung trog auch nicht. Es war ein wunderbar schönes Leben in dieser kleinen Stadt, dessen ich noch jetzt, wie meiner ganzen buntbewegten Kinderzeit, unter lebhafter Herzensbewegung gedenke.

Wir setzten uns, bald nach Eintritt in unser Haus, zum Abendbrot nieder. Für uns Kinder war es Milchsuppe, für gewöhnlich nicht mein Geschmack. Ich aß aber ein gut Teil, und mein Vater sagte schmunzelnd: "Das ist recht. Wer lange suppt, lebt lange. Nur nicht kiesätig. Und überhaupt, es wird uns hier schon gefallen. Wenn es nur Mama gefällt. Der verdammte Sand. Aber für die Pferde ist es besser; dabei bleibe ich."

Dann standen wir auf, und mein Papa, der, weil kein anderer da war, sich in seinem Redebedürfnis wohl oder übel mit mir unterhalten mußte, sagte: "Nun geh noch mal hinaus und sieh dir die Kirche an; das ist nämlich die große Remise gerade gegenüber. Hat übrigens nichts auf sich, daß sie so nach nichts aussieht; das protestantische Wort ist nicht an Örtlichkeit gebunden oder von einem gemalten Sternenhimmel abhängig. Gutes tun, keusch und züchtig leben." Diese seine letzten Worte richteten sich an Herrn Wolff, dem er doch nicht recht trauen mochte, trotzdem noch nichts gegen ihn vorlag.

Ich war froh, meine Neugierde befriedigen zu können, und ging hinaus. Als ich auf die Straße trat, traf ich einen kleinen, schon ältlichen und etwas verwachsenen Mann, der, nachdem er das Pferd in den Stall geführt hatte, mit Abladung unseres Gepäcks beschäftigt war. Er hieß, wie ich gleich erfahren sollte, Ehm, wahrscheinlich Abkürzung von Adam, und war, obwohl er nichts von Pferden verstand, im voraus dazu bestimmt, unser Kutscher zu werden. Er blieb es auch Jahr und Tag.

"Wie heißt du?" fragte ich.

"Ehm."

"Ehm? Das habe ich noch nicht gehört. Aber sage, Ehm, was ist das, das immer so rauscht und donnert? Und dabei geht doch kein Wind und keine Luft."

"Dat's de See."

"Das Meer?"

"Joa, de See."

"Wie weit ab ist es? Es klingt ja so nah."

"Na, ne Viertelstunn. Un mitunner kümmt se bis ran und steigt hier rümm in alle Straten. Un so'n Lütting wie du, de kann denn versupen."

Viertes Kapitel

Unser Haus, wie wir's vorfanden

Am Abend, wo wir ankamen, hatte ich einen wenig günstigen Eindruck von unserm Hause gehabt; es war mir recht häßlich, und als dann der Mond in die Fenster schien, auch sogar etwas unheimlich vorgekommen. Mit diesem Unheimlichen, wie sich bald herausstellte, hatte es denn auch seine Richtigkeit, wenigstens in dem Glauben der Dienstleute. Wenn es nachts auf dem Boden über uns unruhig wurde, hieß es: "De oll Geisler geiht wedder ümm" oder auch wohl "he kuckt wedder in all sien' Kisten und Kasten", und wirklich, man hörte deutlich, wie die Deckel der großen Kräuterkisten auf- und wieder zugeschlagen wurden. "Das sind die Katzen", erklärte später mein Vater, aber ich war mit dieser Auslegung nie recht zufrieden und hielt mit Vorliebe zu dem Satze: "De oll Geisler geiht wedder ümm." Von diesem allen hatte ich, um es zu wiederholen, gleich am ersten Abend ein unbestimmtes, mich eine Weile gruselig machendes Gefühl, das noch wuchs, als der vor meiner Schlafkammer stehende Kirschbaum leise die Scheiben streifte. Aber müde von der Reise, schlief ich trotzdem ein und erschien am andern Morgen wohlgemut in der noch leeren Wohnstube meines Vaters. Hier, auf Schemeln und Küchenstühlen sitzend (denn mit Ausnahme der Betten war noch nichts ausgepackt), nahmen wir gemeinschaftlich das Frühstück, mein Vater in bester Stimmung. Als wir, es währte nicht lange, damit fertig waren, nahm er mich bei der Hand und sagte: "Nu komm, mein Junge; die andern sind noch zu klein, aber du bist schon verständig, und da wollen wir uns denn die Sache mal ansehen. Als ich Weihnachten hier war, war es so kalt, du weißt, daß der Kognak einfror, und da war denn an Inspektion nicht zu denken. Ein bißchen habe ich die Katze im Sack gekauft. Aber das tut nichts, alles im Leben bleibt unsicher, und die Geschäftsbücher stimmten." Er sagte das meiste davon mehr zu sich selbst als zu mir, wie er denn sein ganzes Leben lang seine Konversation immer mehr nach seinem persönlichen Bedürfnis als nach der Beschaffenheit seiner Hörer einrichtete. Meistens waren es Selbstgespräche. Seine letzten Jahre verlebte er mit einer ihm seine kleine Wirtschaft führenden, ganz beschränkten Person, aber das hinderte ihn nicht, mit ihr zu philosophieren, d. h. alles, was ihm einfiel, in sie hinein zu reden.

Und nun zurück zu der beabsichtigten Hausinspizierung, die wir gleich nach dem Frühstück antraten. Ehm wurde gerufen, um uns auf unsrem Umgange, wenn nötig, Auskunft zu geben, was er sehr gut konnte. Denn er war schon viele Jahre lang "Kohlenprovisor" und wußte Bescheid in allem.

Unser nächstes Ziel waren die Böden, deren sich nicht weniger als fünf unter dem Riesendache befanden. Der erste Boden, zu dem eine knarrende Treppe mit abgelaufenen Stufen hinaufführte, war ein Prachtstück in seiner Art, hoch und frisch und zugleich mit einer Welt von Dingen ausgestattet, die mich sofort für sich einnahmen: Schornsteine von beinah lächerlich mächtigem Umfang, eingegitterte Verschläge mit Vorlegeschlössern, gezogene Leinen, daran Wäsche hing, und dazu, an diesem ersten Morgen wenigstens, Schwalben und Schmetterlinge, die durch die vielen Fenster und Gucklöcher beständig aus- und einflogen. In verhältnismäßiger Nähe des umfangreichen Schornsteins aber stieg eine zweite Treppe, eigentlich bloß eine geradlinige Leiter, zunächst bis auf den zweiten Boden und von diesem in unmittelbarer Fortsetzung bis auf den dritten hinauf. Zur Seite hing ein geteertes Tau, daran man sich festhielt. Als wir an die Stelle gekommen waren, wo die Leiter, und zwar ohne einen Knick oder Absatz zu machen, einfach die Dielung des zweiten Bodens durchbrach, sah ich, daß ein schweres Rad, aber nur von geringem Durchmesser, hart neben dem Durchschlüpfeloch lag, ein Anblick, bei dem ich, ich weiß nicht warum, sofort fühlte, daß es damit was Besonderes auf sich haben müsse. Mein Vater empfand gerad' ebenso, schob aber alles Fragen danach vorläufig hinaus, weil wir fortgesetzt im Steigen waren und das Klettern auf den immer schmaler werdenden Leitern die größte Vorsicht gebot. Erst als wir eine Weile danach und nach Musterung des dicht unter dem Dachfirst hinlaufenden Glas- und Krukenbodens wieder abwärts stiegen und auf diesem Abstieg die terra firma des ersten Bodens erreicht hatten, setzte sich mein Vater, um auszuruhen, auf eine der großen Kräuterkisten und sagte: "Das ist ja zum Halsbrechen, Ehm. Und dann das Rad da oben? Was ist es mit dem Rad? Wie kommt das dahin?"

Ehm erzählte nun in seinem Plattdeutsch, daß es das Rad sei, womit der Mörder Hannacher – aber das sei nun schon lange, das Jahr vorher, ehe die Franzosen ins Land kamen – vom Leben zum Tode gebracht worden sei. Hannacher habe dicht bei dem Dorfe Morgnitz einen Schäfer erschlagen und bloß einen Münzgroschen bei ihm gefunden, und als er den Münzgroschen im Morgnitzer Krug vertrunken habe, da sei's auch schon herausgekommen.

"Ein wahres Glück", sagte mein Vater, "je eher so was rauskommt, desto besser. Aber das Rad! Was soll das da? Wie kommt das dahin?!"

"Dat hett de oll Geisler an sich bracht, ick weet nich mehr, för wieveel. Un he wull ja woll, dat et em Glück in't Huus bringen sall."

Mein Vater, der dabei seiner eigenen am Tage vorher zugunsten des Scharfrichterkarrens gehaltenen Rede gedenken mochte, war von dem, was Ehm jetzt sagte, wenig angenehm berührt und meinte, zu viel Glück sei auch nicht gut. "Aber nun wollen wir uns den Schimmel ansehn, Ehm, um auf andere Gedanken zu kommen... Is denn hier öfter so was los, wie das mit dem Hannacher?"

"Nu, so ab un an. Toletzt hedden wi joa dat mit Muhr'n un sine Fru."

Ehm wollte sichtlich in diesem Thema fortfahren, aber mein Vater hörte nicht mehr recht hin und vergaß bald sowohl Hannacher wie "Muhr'n un sine Fru", als er, unten im Stall angekommen, der vorzüglichen Einrichtung, die da herrschte, gewahr wurde. "Ei, Ehm, da sind ja zwei Krippen und zwei Raufen. Also Platz für zwei Pferde. Was er sich nur dabei gedacht haben mag! Ich meine den alten Geisler, der ja doch ein Geizkragen gewesen sein soll. Na, mir kann's gleich sein. Is ja wahrhaftig, als ob er alles für seinen Nachfolger eingerichtet hätte. Und das ist das Wahre. Für die Nachkommen muß man sorgen."

Das Riesendach mit seinen fünf Böden hatte seines Eindrucks auf mich nicht verfehlt; das Haus selbst aber, das geduckt unter diesem Dache lag und von dem ich in nachstehendem eine Schilderung versuche, ließ, wie äußerlich, so auch in seinem Innern viel zu wünschen übrig. An den mit Ziegelsteinen gepflasterten Flur lehnte sich, gerade die Mitte desselben treffend, von links her eine mächtige Küche, von rechts her ein gewölbtes Laboratorium, als Grundform des ganzen Hauses ein Kreuz herstellend, in dessen vier Ecken sich vier Quadrate mit sehr primitiven Geschäfts- und Wohnräumen einschoben. In dem ersten Quadrat befand sich außer der Apotheke noch die Gehilfenstube, während das zweite Quadrat nur ein einziges Zimmer umschloß, einen mehrfenstrigen Saal, den Stolz des Hauses. Apotheke wie Saalzimmer sahen auf die Straße. Die die Rückfront bildenden Quadrate drei und vier hatten dagegen den Blick auf den Garten und bestanden einerseits aus einem Wohnzimmer für meinen Vater, andererseits aus einer Stube für uns Kinder. Wo es irgend ging, waren verbleibende kleine Raumreste zu Schlafkammern hergerichtet; nur der Saal blieb von so niederer Umgebung verschont. Im übrigen war alles klein und eng. Von gefälliger Ausschmückung an Wand und Decke zeigte sich nirgends eine Spur; Öfen und Dielen waren schlecht; ganz besonders unschön aber war die schüttgelbe Farbe, womit wie der Flur so auch alle Zimmer des Hauses gleichmäßig gestrichen waren. Nur die Gehilfenstube – vielleicht in Huldigung gegen die daneben liegende Apotheke – zeigte statt des Schüttgelb einen Anstrich von Schweinfurter Grün, bekanntlich arsenikhaltig. Um aber die gesundheitswidrige Wirkung dieser Farbe nach Möglichkeit auszugleichen, war in eine der obersten Fensterscheiben eine blecherne Rose eingesetzt, die unter beständigem Sichdrehen für frische Luft zu sorgen hatte, dabei aber einen unerträglichen Lärm machte. Ja, häßlich, eng und vernachlässigt war alles; am vernachlässigsten aber war die Kinderstube, drin, grad' in der Mitte, ein großes Stück Diele fehlte, so daß der Dünensand, darauf das Haus ohne Untermauerung stand, zum Vorschein kam. Später söhnte ich mich mit diesem Dielenloch freilich aus; denn gerade diese Sandstelle wurde, wenn wir bei schlechtem Wetter nicht hinaus konnten, zum bevorzugten Spielplatz für uns Kinder, wo wir mit vier würfelförmigen Steinen unser Lieblingsspiel spielten. Dies Lieblingsspiel hieß "Knut", war also vielleicht dänischen Ursprungs und lief darauf hinaus, daß man, den vierten Stein hoch in die Luft werfend, ihn im Niederfallen, unter gleichzeitigem Aufraffen der im Sande liegengebliebenen drei anderen Steine, wieder auffangen mußte.

Neben dieser bequemen Spielgelegenheit beherbergte die Stube, um vom Guten nichts zu verschweigen, auch noch ein anderes, das für ein phantastisches Kind wohl angetan war, mit der sonst herrschenden Dürftigkeit auszusöhnen. Gerade hier nämlich war, auf einem Lehnstuhl sitzend, der alte Geisler gestorben, und wenn ich mich abends an eben dieser Stelle zwischen Schrank und Ofen niederließ und dann das Klappen und geheimnisvolle Rumoren über mir anhob, so war er Zauber davon so groß, daß von Prosa der Umgebung keine Rede mehr sein konnte. Das alles aber empfand ich erst später. Vorläufig kehre ich zur Schilderung der verschiedenen Räumlichkeiten zurück. Unter diesen nahmen Laboratorium und Küche den ersten Rang ein. Beide konnten als Glanzstücke gelten, und wenn die Küche mit ihrem bis dicht auf den Herd herabhängenden und mit blankem Ruß ausgefüllten Rauchfang etwas von einer spanischen Posada hatte, so präsentierte sich von der anderen Seite her das Laboratorium mit seinen Retorten und Destillierapparaten (zwischen denen ein getrockneter Buttfisch von der gewölbten Decke hing) als ein vollkommen alchimistischer Raum, darin Faust sein "Habe nun, ach" ohne weiteres hätte beginnen können. Ja, in seiner grotesken Unmodernität war hier im vollsten Gegensatz zu den prosaischen Wohnräumen alles frappierend interessant, und ich könnte noch jetzt Veranlassung nehmen, davon zu schwärmen, wenn ich nicht gleich damals, beim ersten Eintritt in die ganze phantastische Herrlichkeit, eine kopfschmerzerzeugende, mich arg bedrückende Luft wahrgenommen hätte. Nicht zu verwundern. Mitten in dem Laboratorium stand eine Plumpe, der es nicht bloß oblag, den ganzen Hausstand mit Wasser zu versorgen, sondern auch sämtliche von Dekokten und allerhand Aufgüssen herrührende Blätter- und Wurzelreste wegzuschwemmen.

All dieser Abgang wurde vermittelst einer schräglaufenden Steinrinne in eine Senkgrube geführt, die sich schon draußen auf der Straße befand, deren Ausdünstungen aber nichtsdestoweniger in das Laboratorium zurückschlugen. Allzu schlimm kann es nun freilich damit nicht gewesen sein; denn während meines fünfjährigen Swinemünder Aufenthalts kam in unserem Hause kein Typhusfall vor, nur für mich persönlich wurde diese Sumpfluft geradezu schrecklich, und alsbald und dann ein ganzes Jahr lang, vom kalten Fieber geschüttelt, legte ich hier die Grundlage zu meinem immer zum Malariafieber hinneigenden Gesundheitszustande. Sehr wahrscheinlich wäre mir dies alles erspart geblieben, wenn sich mein Vater zu zwanzig oder fünfzig Gran Chinin hätte aufraffen können. Aber Chinin war damals noch teuer, und so mußte ich mich mit einer aus Chinarindenpulver und eingedicktem Mohrrübensaft zusammengerührten Latwerge begnügen. Die wollte nicht recht helfen, abgesehen davon, daß es eine Qual war, sie herunterwürgen zu müssen. Ich denke noch mit eigentümlichen Gefühlen daran zurück; aber es herrschte damals ganz allgemein das Erziehungsprinzip vor: "Ach, solch Junge frißt sich durch", und mein Vater, der, wenn es ihm gerade paßte, dergleichen Ersparnisse wissenschaftlich zu begründen liebte, mochte wohl noch hinzusetzen: "Eigentlich ist Chinarinde das Wahre, weil das natürlich Gegebene; Chinin ist schon Luxus, und Luxus ist nicht für Kinder." In ähnlichem Sinne hab' ich ihn bei andern Gelegenheiten manch liebes Mal sprechen hören. Aber gleichviel, ob er damals so dachte oder nicht, das an mir ersparte Chinin war eine große Härte, so groß, daß ich – weil ich einem unkindlichen Gefühle hier nicht gern Ausdruck geben möchte – davon schweigen würde, wenn ich nicht zu meiner herzlichen Freude hinzuzusetzen hätte, daß mein Vater all das, was er an zu Forderndem damals unterließ, später reichlich wieder ins Gleiche brachte. Viele Jahre danach, als es ihm selber schlecht ging und sein Vermögen bis auf ein Minimum zusammengeschrumpft war, hat er mir in hochherziger und rührender Weise geholfen. Es handelte sich für mich um einen längeren und ziemlich kostspieligen Aufenthalt in England. Er half mir dazu, ohne langes Besinnen und ohne sentimentale Redensarten, unter Dransetzung letzter Mittel. Und so fügte sich's denn, daß er, der in guten Tagen in diesem und jenem wohl manches versäumt hatte, schließlich doch der Begründer des bescheidenen Glückes wurde, das dieses Leben für mich hatte. Das Haus, zumal die eigentlichen Wohnräume, waren, das mindeste zu sagen, anfechtbar; entzückend aber waren Hof und Garten.

Zunächst der *Hof*. Dieser glich mehr oder weniger einer Ackerwirtschaft, worüber mein Vater, dessen Neigungen samt und sonders nach der landwirtschaftlichen Seite hin lagen, außerordentlich befriedigt war. Aber auch wir Kinder waren es, ich an der Spitze. Da waren natürlich Pferde-, Kuh- und Schweineställe, Gesindestuben (sonderbarerweise mit Taubenhaus), Torf- und Heuboden, Roll- und Häckselkammer und endlich eine riesengroße Wagenremise, die zugleich als Holzstall diente. Neben der Remise lag ein mit allerhand gläsernen und namentlich irdenen Vorratsflaschen besetzter Keller, der, zumal in Herbst- und Frühjahrstagen, eine besondre Vergnügungsstätte für uns bildete. Dann stieg hier das Grundwasser und schuf auf Wochen hin etwas wie eine kleine Überschwemmung. Anfangs half man sich mit Kloben und Bretterlagen; stieg das Wasser aber immer höher, so schafften wir Kinder schließlich Kufen und Waschfässer hinunter, auf denen wir nun, einen Riesenspatel statt des Ruders in der Hand, umherfuhren, um als Seeräuber an den vier "Küsten" anzulegen. An diesen hausten wir dann unerbittlich und setzten, uns gütlich tuend, die sonderbar geformten Krüge mit Himbeer- und Johannisbeersaft wie große Methörner an den Mund. "Wo nur immer die Fruchtsäfte bleiben?" sagte dann wohl mein Vater und schüttelte den Kopf. Ja, dieser Hof! An drei Seiten war er von allerhand Baulichkeiten eingefaßt; an der vierten aber zog sich ein mit Eisenspitzen besetzter hoher Bretterzaun hin, an dem entlang und in Höhe noch weit über ihn hinauswachsend, prächtiges Buchenklafterholz dicht aufgeschichtet lag, ein Anblick, der mich bei meiner Spiel- und Kletterlust gleich im ersten Augenblick erkennen ließ: Hier ist's gut sein.

Und was von dem Hofe galt, galt auch, und womöglich noch gesteigert, von dem in einem rechten Winkel angelegten, also einen Knick machenden *Garten*, der durch eben diesen Knick aus zwei gleich großen Teilen bestand. Die erste Hälfte, mit Reseda und Ritterspornbeeten, mit Rabatten und Rondells und nicht zum letzten mit allerhand am Spalier gezogenen Obstarten besetzt, war ein richtiger Garten, während die zweite Hälfte mehr einer Wildnis glich. Aber freilich einer sehr malerischen. An ein paar schon vom Winde gebeugten und deshalb schrägstehenden und die verwunderlichsten Linien aufweisenden Zäunen entlang zogen sich hier die Himbeer- und Johannisbeersträucher in geradezu wuchernden Massen, bis ganz zuletzt ein schon auf Nachbars Seite stehender und an Größe fast einem Baume, gleichender Berberitzenstrauch seine mit den prächtigsten roten Früchten überdeckten Zweige herüberreichte. Diese zweite Gartenhälfte war unser Reich. Da spielten wir halbe Tage lang und legten Burgen an, oder turnten am Reck, oder brachen Planken aus dem Zaun und zogen auf Raub in die Nachbargärten. Schöner aber als alles das war, für mich wenigstens, eine zwischen zwei Holzpfeilern angebrachte, ziemlich baufällige Schaukel. Der quer überliegende Balken fing schon an morsch zu werden, und die Haken, an denen das Gestell hing, saßen nicht allzu fest mehr. Und doch konnt' ich gerade von dieser Stelle nicht los und setzte meine Ehre darin, durch abwechselnd tiefes Kniebeugen und elastisches Wiederemporschnellen die Schaukel derartig in Gang zu bringen, daß sie mit ihren senkrechten Seitenbalken zuletzt in eine fast horizontale Lage kam. Dabei quietschten die rostigen Haken, und alles drohte zusammenzubrechen. Aber das gerade war die Lust, denn es erfüllte mich mit dem wonnigen und allein das Leben bedeutenden Gefühle: Dich trägt dein Glück.

Fünftes Kapitel

Unser Haus, wie's wurde

"Wie wir unser Haus vorfanden", das bildete, von etlichen Einschiebseln und ein paar Exkursen in die Zukunft abgesehen, den Inhalt des vorigen Kapitels. In diesem neuen Kapitel gehe ich, freilich gelegentlich auch hier wieder Kommendes vorwegnehmend, zu einer Schilderung der Umgestaltungen über, die sich in verhältnismäßig kurzer Zeit in unserem Hause vollzogen. Daß es in so kurzer Zeit geschah, hatte vorwiegend in dem innerhalb vier oder sechs Wochen bevorstehenden Eintreffen meiner Mutter seinen Grund, bis wohin alles in guter Ordnung sein sollte. Mein Vater, den dabei neben einer kleinen Baupassion auch wohl eine gewisse Courtoisie gegen seine trotz aller Kriegführung sehr geliebte Frau beseelen mochte, ging in Ausführung seines Tuns auf zwei Linien vor, von außen und innen, und stellte sich, was das "Außen" anging, vor allem den Abputz des ganzen

Hauses, was das "Innen" anging, die Möblierung und Einrichtung zweier Räume: des für seine Frau bestimmten "Salons" und seines eigenen Wohnzimmers, zur Aufgabe.

Dies doppelte Vorgehen war von einem sehr verschiedenen Erfolge begleitet. Was zunächst den Angriff von "Außen", also die dem Abputz und Anstrich des Hauses geltende Neuerung betraf, so scheiterte diese total. Von der aus einem feineren Stilgefühl hervorgehenden Anschauung, daß, unter Umständen, etwas geradezu Häßliches einem an und für sich Hübscheren aber durchaus Unpassenden immer noch vorzuziehen sein könne, wußte man damals im Publikum nicht viel, und so kam es, daß mein Vater, nachdem er sich mit einem uns schräg gegenüber wohnenden Haus- und Stubenmaler in Verbindung gesetzt hatte, mit eben diesem einen himmelblauen Ölfarbenanstrich verabredete. Für den Maler war dies, bei der beträchtlichen Zahl von Quadratfußen, die mit dem teuren Anstrich zu bedecken waren, eine sehr lohnende Aufgabe, für das Haus selbst aber, dem diese Verschönerung galt, ging dadurch das Beste verloren, was es bis dahin gehabt hatte: sein grotesker Charakter. Der Außenangriff also scheiterte.

Desto mehr dagegen, wenn auch freilich nicht in allen Stücken, glückte das Vorgehen im Innern, weil hier das meiste, was geschah, sich mehr oder weniger gefällig in den schlicht gegebenen Rahmen einfügte. Daß es so kam, war natürlich ein bloßer Zufall und hatte darin seinen Grund, daß das zur Einrichtung der genannten Zimmer zur Verfügung stehende Mobiliar vorwiegend alt oder doch nicht ganz neu war. Besonders das ganz alte, das dem Nachlasse meines, wie schon erwähnt, kurz zuvor verstorbenen Großvaters entstammte, paßte wundervoll und erzielte, wo es zur Verwendung kam, genau *das*, was ich bei Zimmereinrichtungen bis diesen Tag am höchsten schätze: das Anheimelnde und Gemütliche. Da war zunächst das dreifenstrige Saalzimmer in Front des Hauses, das bestimmt war, der "Salon" meiner Mutter zu werden. Das Schüttgelb seiner Vorexistenz war bald verschwunden, und ein dunkles Ultramarin, die Lieblingsfarbe meines Vaters, trat an seine Stelle, während an der langen, weißgetünchten Decke hin, und zwar von der Hand desselben Meisters, der draußen den Ölfarbenanstrich geleistet hatte, eine halb mythologische Darstellung entstand. Solche mythologisch anklingenden Deckenbilder haben meinen Vater, der eine mir unerklärliche Vorliebe dafür hatte (denn er war eigentlich schlecht bewandert in der Götterlehre) durchs Leben hin begleitet. Überall, wo er sich häuslich einrichtete, mußte das einfache Stern- oder Rosettenornament, das er vorfand, alsbald einer "höheren Darstellung" weichen, in der meistens ein an Ledabilder erinnernder, sich mächtig aufbäumender Schwan die Hauptrolle spielte. Mitunter (so auch hier) waren es mehrere Schwäne. Zu diesem Deckenbilde gesellte sich, als berechtigtere Zimmerdekoration, eine saubere Fensterausschmückung: in große Messingblechgriffe zurückgeschlagene Gardinen, vor deren einer ein Trittbrett mit Maroquinlehnstuhl stand, auf dem meine Mutter, eine Stickerei oder Häkelarbeit in der Hand, schon vormittags zu residieren pflegte. Der Blick, den sie von diesem Trittbrett aus hatte, war sehr gefällig. Unter den Zweigen einer unmittelbar vor dem Fenster stehenden Linde hinweg, blickte sie, wenn sie von ihrer Arbeit aufsah, auf den jenseits der Straße gelegenen Kirchplatz mit seinen verschiedenen Baumstämmen und Sägeböcken hinüber, wo wir Kinder, wenn's irgend ging, unsere Spiele spielten. Kam dann zwölf Uhr heran, so gab sie diesen Beobachtungsposten am Fenster auf, aber nur selten um an dem Mittagessen teilzunehmen, sondern um sich in den Garten oder noch lieber in die stille Giebelstube des Hauses zurückzuziehen. Erst um die vierte Stunde kehrte sie wieder an ihren Lieblingsplatz zurück. Und nun begann für sie die schönste Zeit des Tages, die Zeit, wo Besuch kam und die Vorbereitungen zum Kaffee getroffen wurden. Es war das damals alles viel hübscher und malerischer als jetzt; Tassen und Kuchenkörbe standen schon da, daneben eine kupferne hohe Kanne mit eingehängtem Beutel, und nur das heiße Wasser zum Aufbrühen fehlte noch. Und nun kam der Hauptmoment, der, wo die Mama die Klingel zog und gleich darauf ein merkwürdiger Bau hereingetragen wurde, dessengleichen ich seitdem nicht wieder gesehn. Es war ein ovaler, mit glühenden Kohlen gefüllter Eisenblechkasten, der, weil er sich als solcher schlecht präsentiert haben würde, wieder in einem etwas größeren, blitzblank geputzten Messingbehälter steckte, durch dessen zahllose Löcher hindurch man den eisernen Innenkasten glühen sah. Auf diesem etwas komplizierten Bau stand ein beinah kugelrunder Wasserkessel, aus dessen Tülle der Dampf kräuselnd aufstieg. Und nun, unter gefälligem Weiterplaudern, worin sie, wenn sie wollte, virtuos war, stieg meine Mama von ihrem Maroquinthron herab, um gleich danach jedem einzelnen Gaste die ihm zuständige Tasse zu reichen. Jetzt muß es Meißener Zwiebelmuster oder dem ähnliches sein; damals aber bildeten die Tassen eine kleine Galerie von Miniaturbildern, auf denen in der Regel ein ans Knie der Venus sich anschmiegender Amor den Pfeil schärfte, meist aber schon den Bogen spannte, sicher das in Front eines Gebüsches stehende leichtbekleidete Paar mit seinem Liebespfeil zu treffen. Und dann wurde ich aufgefordert, die Kuchenkörbe herumzureichen, oft eine Tantalusqual für mich, wenn der lebhafte Gang der von den Damen geführten Unterhaltung über den alten Satz "daß der Arbeiter seines Lohnes würdig sei" hinwegsehen ließ.

All das ist mir im Plaudern wieder lebendig geworden, und in der Rückerinnerung daran habe ich zu meinem Leidwesen außer acht gelassen, daß ich in erster Reihe nicht von den Kaffeegesellschaften meiner Mama, sondern von der Saloneinrichtung erzählen wollte, die mein Vater damals in liebenswürdigem Eifer ins Werk zu setzen sich abmühte. Zurück also zu dieser meiner Schilderung. An der Längswand, den drei Fenstern gegenüber, stand ein Sofa mit dicht gestellten Stühlen, so dicht, wie sie nur in einem Tanzsaale zu stehen pflegen; das Sofa selbst aber – in einem abgeplatteten Barockstil gehalten, wenn überhaupt noch von Stil die Rede sein konnte – trug einen quittgelben Moiré-Überzug und war an Front- und Rückenlehne mit vielen Hunderten von kleinen Silbernägeln besetzt. Das Ganze zunächst schwerfällig und dabei prätentiös und ärmlich zugleich. Um vieles besser machte sich der an der Schmalseite des Zimmers aufgestellte Trumeau, dessen Bekrönung, weil die Höhe des Zimmers nicht ausgereicht hatte, zu größerem Teile beseitigt worden war. Aber auch in dieser fast bekrönungsbaren Verfassung war er immer noch das Prachtstück der ganzen, von uns selbst wenigstens vielbewunderten Einrichtung. Daß wir unsrerseits so hoch davon dachten, war, bei aller nachträglichen Komik der Sache, doch sehr verzeihlich. Alle diese langweiligen Gegenstände nämlich waren von uns nicht bloß kritiklos, in dem ehrlichen Glauben an ihre besondere Schönheit, mit nach Swinemünde herübergenommen worden, sondern durften auch nach damaliger Anschauung wirklich als etwas bemerkenswert Feines gelten. Denn es waren sogenannte "Schinkelsche" Möbel. Schinkel (Ruppiner Kind), in freundlichem Andenken an seine Vaterstadt, hatte der Tischlerfirma Möhring daselbst seine Muster und Vorbilder für Zimmereinrichtung zum Geschenk gemacht oder vielleicht auch nur zu besonderer Beachtung empfohlen, was im weiteren zur Folge hatte, daß Jahrzehnte lang das ganze offizielle Preußen aus der Werkstatt dieser sehr angesehenen Firma mit Mahagonimöbeln im Schinkelstil versehen wurde. Noch ganz vor kurzem, und zwar im Schlosse zu Quedlinburg, bin ich in einem mittelgroßen Zimmer, daß Friedrich Wilhelm IV. bei seinen Besuchen daselbst mit Vorliebe zu bewohnen pflegte, solcher schinkelschen Zimmereinrichtung wieder begegnet und schrak bei ihrem Anblicke fast zusammen, denn Trumeau, Sofa, Schränke, Stühle, alles sah genau so aus oder richtiger war nach Stil und Formen genau dasselbe wie das, was ich sechzig Jahre früher im Zimmer meiner Mutter gesehen und bewundert hatte. Freilich nur damals bewundert. Mir will es jetzt scheinen, daß Schinkel, dessen Größe trotz solcher Ausstellungen natürlich unangefochten bleibt, es seinerzeit nicht für nötig fand, in Herstellung dieser Dinge viel Arbeit und Phantasie zu setzen. Namentlich letztere verleugnet sich beinahe ganz.

Soviel über den Salon meiner Mutter. Er konnte passieren (mehr freilich war ihm nicht zuzugestehen), während es mein Vater, wenn auch sich selber unbewußt, bei Neueinrichtung seines eigenen kleinen Wohnzimmers ganz vorzüglich getroffen hatte. Hier war an Stelle des früheren Anstrichs alsbald eine braun und weiß gemusterte Tapete getreten, und der überall abgestoßene schwarze Ofen hatte einem völligen Neubau Platz gemacht. Dieser bestand aus graugrünen blanken Kacheln, über deren jede mindestens zwei, drei nach unten sich verdickende Tropfen roter Glasur flossen, – also eigentlich ein Ornament, das in ein Schlachthaus gepaßt hätte. Trotz dieser äußersten Gewagtheit ließ sich, auf Farbenwirkung hin angesehn, doch von einer wirklichen Verschönerung sprechen. Eine ganz besondere Zierde des Zimmers aber waren seine vielen Bilder, meist in Pastell: Engelsköpfe, Musen und Horen im Tanz oder auch junge Mädchen, mit Tauben und Kaninchen spielend. Dazwischen hingen englische Stiche: die Quelle der Egeria, die Kaskaden von Tivoli und ähnliches, Buntdrucke, die meinem Gefühle nach dem meisten, was jetzt auf diesem Gebiete geleistet wird, erheblich überlegen waren. Zum mindesten wirkten sie vornehmer. Alt und einfach, aber gerade deshalb dem Trumeau samt Moirésofa weit überlegen, waren denn auch ganz besonders die dem Zimmer einverleibten, meist aus der großväterlichen Erbschaft stammenden Möbel. An dem mittleren Fensterpfeiler, in einer Birkenmaserumrahmung, hing ein schmaler Spiegel, vor dem mein Vater seine Toilette zu machen pflegte. Für gewöhnlich bedeutete das nicht viel. Wenn aber Dinertag war, und das ereignete sich Winters allwöchentlich wenigstens einmal, so stand er hier unter Vornahme der mannigfachsten Prozeduren oft eine halbe Stunde und länger. Das Anlegen eines vielgefalteten Jabots, mit einem weißen Halstuch darüber, durch das dann eine Amethystnadel gesteckt wurde, bildete jedesmal den Schluß der Toilette, dem mit gleicher Regelmäßigkeit eine minder gefällige Manipulation vorausging. Er trug nämlich eine sogenannte "Tour", die, wenn er sich für eine Gesellschaft zurechtmachte, jedesmal abgelöst, dann sorglich instand gesetzt und mit einer Gummilösung neu aufgeklebt wurde. Der Ablösungsprozeß war immer etwas ziemlich Schmerzhaftes, von einer komischen Grimasse Begleitetes, weshalb er es nicht gern unterließ, einen seiner Monologe daran anzuknüpfen. "Eigentlich ist es Unsinn. Die meisten haben einen ganz kahlen Kopf und finden sich drin. Nur ich, warum bäume ich mich unter Qualen dagegen auf? Es ist ein Opfer, das ich der Gesellschaft bringe." Niemand war aber schließlich bereiter dazu als er, denn er freute sich auf jede Gesellschaft.

In diesen Gesellschaften, auf deren Schilderung ich in einem anderen Kapitel zurückkomme, war er sehr beliebt, was mit seiner großen und liebenswürdigen

Unterhaltungsgabe, ganz besonders aber mit einigen kleinen Sonderbarkeiten, zusammenhing, die diese Unterhaltungsgabe begleiteten. Zu diesen Sonderbarkeiten zählte, neben anderem auch eine ihm eigentümliche Vortragsweise, die bei Zitaten oder Namensnennungen immer höchst pathetisch war. Er sagte nicht gern "auf Erden", sondern bevorzugte die Wendung "auf dieser sublunarischen Welt", und wenn er das Wort "sort", z. B. in seinem Lieblingssatze: "Der und der wird sein sort machen" betonte, so hätten ihn drei Franzosen um die Aussprache des "o" beneiden können. Auf gleicher Höhe, wenn nicht höher, stand sein "la mort sans phrase" oder wohl gar "la garde meurt et ne se rend pas", woraus man übrigens nicht schließen wolle, daß dies, so sehr er an allem Französischen hing, aus Gallomanie geschehen sei. Was ihn dazu bestimmte, war lediglich ein Klangbedürfnis, und jede Sprache, die dazu mithalf, war ihm gleich willkommen. Es war eine Lust, ihm zuzuhören, wenn er beispielsweise den Titel eines damals erschienenen Romans: "Gustav Wasa oder das Blutbad zu Stockholm" aussprach oder wenn er, sobald von Schill die Rede war, hinzusetzte. "Schill, der in den Straßen von Stralsund fiel". Alles Alliterierende und Spondeische wurde von ihm bevorzugt., Er wiegte sich darauf. Am größten aber war er wahrscheinlich bei Nennung ihm unbekannter und deshalb falsch von ihm ausgesprochener Namen, weil er sich diese, durch Regeln und Korrektheit ganz uneingeengt, ganz nach seinem persönlichen Bedürfnis zurechtlegen konnte. Gerade damals (1830) war in den Nachrichten aus England viel von einem Marquis von Londonderry (Bruder des früheren Ministers Castlereagh) die Rede, welcher Name, weil er sich einfach aus London und Derry zusammensetzt, bei richtiger Aussprache nur ziemlich mäßig ins Ohr fällt; mein Vater aber, den Namen als eine große Einheit fassend, legte, statt ihm seine zuständigen zwei Akzente zu geben, einen einzigen mächtigen Akzent auf das "o" der drittletzten Silbe und erzeugte dadurch eine vollkommene Donnerwirkung. Natürlich erheiterte das die Swinemünder, die mit England und englischer Sprache sehr wohl Bescheid wußten.

Und nun wieder zurück in das Wohnzimmer meines Vaters und zu seiner Einrichtung.

An der Wand, rechts neben dem Spiegelpfeiler, stand der ebenfalls aus Birkenmaser gefertigte Schreibsekretär, dessen mit grünem Fries überzogene Klappe, wenn herabgelassen, ihm zugleich als Schreibepult diente. Die verbürgteste Eigenschaft derselben war aber die, daß sie, jedem Drucke nachgebend, beständig knarrte und quietschte. Mein Vater indessen ließ sich dadurch nicht stören und führte von hier aus seine gesamte Korrespondenz. Links neben ihm lagen die zu beantwortenden Briefe, denen eine Papierschere von ungewöhnlichem Gewicht als eine Art Briefbeschwerer diente. Nicht jeden Tag war Schreibetag, war dieser aber da, so wurde Nummer für Nummer vorgenommen, langsam und mit einer gewissen Künstlerfreude, denn er schrieb eine sehr hübsche Handschrift. Waren es Geldbriefe, so steigerte sich diese Freude noch sehr erheblich. Er hatte dann nicht bloß die Vorstellung von der Wichtigkeit des Aktes, sondern des weiteren auch eine gewisse moralische Genugtuung, diesen Brief überhaupt noch abschicken und sich als ein Mann von Mitteln und "honnêteté" legitimieren zu können. Am deutlichsten trat diese Genugtuung hervor, wenn er, nach, Erledigung der eigentlichen Schreiberei, bis zur Kuvertierung und Siegelung des Briefes gekommen war.

Er hatte mehrere Petschafte für den Alltagsverkehr; jeder Geldbrief aber wurde mit einem besonders gut geschnittenen Petschaft gesiegelt, das er noch aus der Ruppiner Löwen-Apotheke mit in seine Swinemünder Adler-Apotheke, so daß es eigentlich nicht mehr paßte, herübergenommen hatte. Das Reiben des Siegellacks, um die schwarzen Stellen auszutilgen, war eine Kunst, der er viel Fleiß widmete, und wenn dann die fünf Siegel mit dem kleinen Löwen darauf fertig waren, sah er sich das Ganze wiederholentlich an und äußerte seine Befriedigung. Er saß gern an diesem seinem Sekretär und hing mehr oder weniger an jedem Kasten und Schubfach desselben; ein besonders intimes Verhältnis aber unterhielt er zu einem hinter einem kleinen Säulen-Vortempel verborgenen Geheimfach, drin er, wenn ihm die Verhältnisse dies gerade gestatteten, sein Geld aufbewahrte. Lag es indessen ungünstiger, mit anderen Worten: war der Kasten leer, so hörte derselbe nicht auf, ein Gegenstand seiner beinahe liebkosenden Betrachtungen zu sein. Er entfernte dann den Vortempel, und in das Nichts, das sich dahinter auftat, mit einem gewissen humoristischen Ernst hineinlugend, hielt er eine seiner Ansprachen. Ich war oft dabei zugegen. "Sieh, mein Sohn, ich kann in diese dunkle Leere nicht ohne Bewegung blicken. Erst vor ein paar Tagen hab' ich mir zusammengerechnet, wie viel da wohl schon gelegen hat, und es summte sich hoch auf und hatte was Tröstliches für mich." All dies während er darüber lachte, war doch auch wieder ganz ernsthaft gemeint; er richtete sich wirklich an der Vorstellung auf, was da alles schon mal gelegen hatte. Das Gascognische in ihm schlug immer wieder durch.

Der Sekretär mit der quietschenden Klappe war, um es noch einmal zu sagen, ein Lieblingsplatz meines Vaters, aber der bevorzugteste war doch das große kissenreiche Schlafsofa, das zwischen dem Ofen mit den roten Glasurtropfen und der alten Gehäuse-Wanduhr stand. Diese Wanduhr ist jetzt in meinem Besitz. Mein Großvater und mein Vater sind bei ihrem Schlage gestorben, und ich will dasselbe tun. Über dem mit buntem Wollstoff überzogenen Sofa aber hing das noch nicht erwähnte Prachtstück aus der Erbschaft meines Großvaters, ein nach dem bekannten Bilde des Malers Cunningham gefertigter großer Kupferstich, der die Unterschrift führte: Frédéric le Grand retournant à Sanssouci après les manoeuvres de Potsdam, accompagné de ses généraux. Wie oft habe ich vor diesem Bilde gestanden und dem alten Zieten unter seiner Husarenmütze ins Auge gesehen, vielleicht meinen Lieblingshelden in ihm vorahnend. Unter diesem Frédéric-le-Grand-Bilde aber und eingebettet in die Seegraskissen, hielt mein Vater, der zu seinen vielen Prachteigenschaften auch die eines immer tüchtigen Schläfers hatte, seine Nachmittagsruhe, bei der er die Zeit nie ängstlich maß und sich oft erst erhob, wenn die Dunkelstunde schon da war. "Papa schläft wieder bis in die Nacht hinein."

Ich wurde dann, wenn gute Tage, d. h. Friedenszeiten waren, abgeschickt, ihn zu wecken, was ich immer gerne tat, weil er dabei nicht bloß von besonders guter Laune, sondern sogar von einer ihm sonst gar nicht eignen Zärtlichkeit gegen mich war. Ich mußte mich dann zu ihm setzen, und er plauderte mit mir, weit über meinen Kopf weg, über allerhand merkwürdige Sachen, die mich, vielleicht gerade deshalb, entzückten. Ich komme weiterhin auf diese wunderlichen und mir für mein Leben verbliebenen Gespräche zurück. Ja, das waren glückliche Stunden. Aber es kamen auch andere. Dann wurde ich nicht hineingeschickt, um ihn zu wecken, sondern ging aus eigenem Antriebe, um nach ihm zu sehen. Er lag dann auch ausgestreckt auf dem Sofa, aber auf seinen Arm gestützt, und sah durch das Gezweig eines vor dem Fenster stehenden schönen Nußbaumes in das über den Nachbarhäusern liegende Abendrot. Ein paar Fliegen summten um ihn her, sonst war alles still, vorausgesetzt, daß nicht gerade der Kohlenprovisor an seinem Mörser stand und stampfte. Wenn ich dann an das Sofa herantrat und seine Hand streichelte, sah ich, daß er geweint hatte. Dann wußte ich, daß wieder eine "große Szene" gewesen war, immer infolge von phantastischen Rechnereien und geschäftlichen Unglaublichkeiten, um derentwillen man ihm doch nie böse sein konnte. Denn er wußte das alles und gab seine Schwächen mit dem ihm eignen Freimut zu. Wenigstens später, wenn wir über alte Zeiten mit ihm redeten. Aber damals war das anders, und ich armes Kind stand, an der Tischdecke zupfend, verlegen neben ihm und sah, tief erschüttert, auf den großen, starken Mann, der seiner Bewegung nicht Herr werden konnte. Manches war Bitterkeit, noch mehr war Selbstanklage. Denn bis zu seiner letzten Lebensstunde verharrte er in Liebe und Verehrung zu der Frau, die unglücklich zu machen sein Schicksal war.

Sechstes Kapitel

Die Stadt; ihre Bewohner und ihre Honoratioren

Swinemünde war, als wir im Sommer 1827 dort einzogen, ein unschönes Nest, aber zugleich auch wieder ein Ort von ganz besonderem Reiz, dabei aller Unbelebtheit der Mehrzahl seiner Straßen zum Trotz von jener eigentümlichen Lebendigkeit, die Handel und Schiffahrt geben. Es kam, um so oder so, um günstig oder ungünstig zu urteilen, ganz darauf an, an welche Stelle der Stadt man sich stellte. Wählte man als Beobachtungsposten den schon mehrerwähnten Kirchenplatz, zu dessen einschließenden Häusern auch unsere Apotheke gehörte, so ließ sich, obschon hier die Hauptstraße vorüberführte, wenig Gutes sagen; gab man aber die Innenstadt auf und begab sich an den "Strom", wie die Swine regelmäßig genannt wurde, so verkehrte sich die bis dahin ungünstige Meinung in ihr Gegenteil. Hier am Ströme nämlich lief, auf fast eine Viertelmeile Wegs, das "Bollwerk" hin, eine Uferstraße, wie sie nicht poetischer gedacht werden konnte. Gerade daß hier alles nur ein Mittelmaß hielt und nirgends an das Große der wirklich großen Handelsemporien erinnerte, gerade dies Mittelmaß der Dinge lieh allem etwas überaus Anheimelndes, gegen das sich nur ein Griesgram oder eine für die Zauber von Form und Farbe ganz unempfindliche Natur verschließen konnte. Freilich war auch diese Bollwerk-Straße nicht an jeder Stelle dieselbe, ließ sogar, namentlich flußaufwärts, manches zu wünschen übrig, von dem Punkt an jedoch, wo eine an unserer Hausecke beginnende Querstraße rechtwinkelig einmündete, konnte man sich, dem Laufe des Flusses folgend, Schritt für Schritt an den sich darbietenden Bildern erquicken. Hier liefen nämlich, vom abgeschrägten Ufer aus, mal kleinere, mal größere Bretterflöße bis in den Strom hinein, schwimmende Bänke, darauf man, von frühmorgens an, die Mädchen Wäsche spülend bei der Arbeit sah, immer in heiterer Unterhaltung untereinander oder mit den Schiffsleuten, die behaglich über die Bollwerkbrüstung gelehnt, ihnen zusahen. Diese mit ihrer Staffage höchst malerisch wirkenden Flöße hießen "Klappen" und dienten, besonders den Fremden und Badegästen zu besserer Ortsbezeichnung und Orientierung. Er wohnt an "Klempins Klapp" oder gegenüber von "Jahnkes Klapp". Zwischen diesen verschiedenen Flößen beziehungsweise Waschbänken zog sich immer ein bestimmt abgegrenztes Stück Bollwerkwandung, und hier lag die Mehrzahl der Schiffe, winters oft in drei, vier Reihen hintereinander. Die Bemannung fehlte um diese Zeit, und nur ein aus dem Küchenrohr aufsteigender Rauch oder noch häufiger ein auf einem kleinen Berge von Segeltuch, wenn nicht auf seiner Hütte sitzender und die Vorübergehenden anblaffender Spitz gab Zeugnis davon, daß die Schiffsräume nicht ganz ohne Bewachung seien. War dann im Frühling die Swine wieder eisfrei, so begann sich alsbald alles wie mit Zauberschlag zu beleben, und das Treiben am Strom hin zeigte, daß die Zeit zur Ausfahrt wieder nahe sei. Dann wurde der Schiffskörper auf die Seite gelegt, um ihn auf etwaige Schäden hin besser untersuchen zu können, und waren diese gefunden, so sah man, am anderen Tage schon, an der betreffenden Bollwerkstelle kleine, mit Holzspänen und zerfaserten alten Tauenden unterhaltene Feuer, in deren Mitte das Pech in eisernen Grapen brodelte. Ganze Haufen von Werg daneben. Und nun begann der Prozeß des Kalfaterns. Kam dann Mittagzeit heran, so wurde noch eine Pfanne mit Kartoffeln und Speckstücken in die Glut geschoben, und viele, viele Male, wenn ich um diese Stunde hier meines Weges zog, sog ich begierig den appetitlichen Qualm ein, an dem mich der Pechbeisatz nicht im mindesten störte. Noch jetzt nähre ich mich, oder doch wenigstens meine Nerven, mit Vorliebe von dem Erdpechqualm; der mitunter durch unsere neu zu asphaltierenden Berliner Straßen zieht. Um die Frühjahrs- und Sommerszeit setzte sich dann auch der mitten im Strome liegende englische Dampfbagger wieder in Tätigkeit, dem es oblag, das Fahrwasser zu verbessern, und dessen aus der Tiefe heraufgeholte Erd- und Schlickmassen an einer flachen Stelle des Stromes ausgeschüttet und aufgetürmt wurden, um hier eine künstliche kleine Insel entstehen zu lassen. Ein paar Jahre später stand sie schon hoch in Rohr und Schilf und trägt jetzt wahrscheinlich Häuser und Etablissements der Marinestation, allen denen, die das erste Drittel des Jahrhunderts noch gesehen, den Wechsel der Zeiten und das Wachsen unserer Machtstellung bezeugend. Halbe Stunden lang sah ich, wenn ich konnte, der Arbeit des englischen Baggers zu, dessen Ingenieur, ein alter Schotte, namens Macdonald, mein besonderer Gönner war. Daß ich, ein Menschenalter später, seinen schottischen Clan bereisen und auf der Insel Icolmskill, unter Führung eines Macdonald, an die Stelle treten würde, wo nach alter Annahme König Macbeth begraben liegt – wer mir das damals gesagt hätte!

Und wie dem Baggern, so sah ich auch dem Anlegen der Schiffe zu, wenn diese von weiten Fahrten heimkamen, einzelne (wie die "Königin Luise", ein Seehandlungsschiff) von ihren Reisen um die Erde, was damals noch etwas bedeutete. Mein Hauptschiff aber war der "Mentor", von dem es hieß, daß er einen Kampf mit chinesischen Seeräubern siegreich bestanden habe. Die Seeräuber führten ein langrohriges Metallgeschütz mit sich, das besser schoß als die rohen, gußeisernen Kanonen, von denen der "Mentor" etliche an Bord hatte. Dazu war das Piratenboot viel schneller, und so kam denn unser Swinemünder Kauffahrer alsbald in eine schlimme Lage. Der Kapitän aber wußte sich zu helfen. Er ließ alle seine großen Böller an die eine Seite des Schiffes schaffen und mäßigte jetzt die

Fahrt absichtlich, um den Verfolgern das Näherkommen leichter zu machen. Und nun war ihr Boot auch wirklich heran, und die Piraten trafen schon Anstalt, von der einen Seite her das Schiff zu ersteigen. Da gab der Mentor-Kapitän das verabredete Zeichen, und mit aller Kraft und Schnelligkeit rollten jetzt die Böller von der einen Schiffsseite nach der andern hinüber und schlugen, durch die dünne Wandung hindurch, auf das unten haltende, schon siegessichere Boot, das nun, von der Wucht der schweren eisernen Kanonen in Stücke gebrochen, mit Mann und Maus zugrunde ging.

Solche Geschichten waren immer in der Luft und knüpften nicht bloß an die Schiffe, sondern gelegentlich auch an die Häuser an, die den Schiffen gegenüber an der anderen Seite des Bollwerks lagen. Weiter flußabwärts aber verloren sowohl diese Häuser wie die Geschichten ihren Reiz, bis, erst ganz am Ende der Stadt wieder, ein etwas zurückgelegenes, großes Gebäude das Interesse noch einmal in Anspruch nahm. Dies war das erst seit kurzem errichtete "Gesellschaftshaus", das nicht bloß den Vereinigungsplatz für die Badegäste, sondern, solange die Saison anhielt, auch für die städtischen Honoratioren bildete, von denen vielleicht keiner öfter hier zur Stelle war als mein Vater. Dieser häufige Besuch galt nun freilich nicht eigentlich dem "Gesellschaftshause" selbst, am wenigsten den darin zur Aufführung kommenden Konzerten und Theaterstücken, der gelegentlich stattfindenden Bälle ganz zu geschweigen – nein, was ihn anzog und mitunter schon zur Frühschoppenzeit hinausführte, das war ein dicht neben dem Gesellschaftshause stehender Pavillon, darin ein mit untadeligem blauem Frack und Goldknöpfen angetaner alter Major von historischem Namen unter affabelsten Manieren eine kleine Bank auflegte. Diese war nur allzu oft das Wanderziel meines Vaters, der, wenn er ein Erkleckliches dort verloren und den pot des Bankhalters entsprechend bereichert hatte, statt verstimmt darüber zu sein, nur einfach den Schluß zog, daß das Bankhalten ein einen sicheren Gewinn abwerfendes Geschäft und der alte Major mit dem hohen weißen Halstuch und der Brillantnadel ein überaus beneidens- und vor allem auch sehr nachahmenswerter Mann sei. Bei solcher Existenz habe man was vom Leben. Dergleichen sprach er dann auch aus, wenn er nach Hause kam und sich verspätet zu Tische setzte. Einmal geschah es in Gegenwart einer Schwester meiner Mutter, einer eben erst verheirateten jungen Frau, die während der Badezeit auf Besuch bei uns weilte.

"Das wirst du doch nicht tun, Louis", antwortete sie auf seine Auseinandersetzungen.

"Warum nicht?"

"Weil es keine Ehre hat."

"Hm, Ehre", warf er hin und trommelte mit den Fingern auf dem Tisch.

Aber er hatte doch nicht den Mut, es zu bestreiten, und sah nur weg und stand auf.

Die Stadt war sehr häßlich und sehr hübsch, und ein gleicher Gegensatz sprach sich auch, wenigstens auf die moralischen Qualitäten hin angesehen, in ihrer Bevölkerung aus. Es gab hier, wie immer in Seestädten, eine breite, tagaus, tagein unter Rum und Arrak stehende, zugleich den Grundstock der Gesamteinwohnerschaft ausmachende Volksschicht, daneben aber, ebenfalls nach allgemein seestädtischem Vorbild, eine geistig durchaus höher potenzierte Gesellschaft, die jedenfalls weit über das hinauswuchs, was man damals in den von engsten Philisteranschauungen beherrschten kleinen Städten der Binnenprovinzen, namentlich auch unserer Mark, anzutreffen pflegte. Daß die Bewohnerschaft allem Spießbürgertum so durchaus fremd war, hatte sicher in manchem seinen Grund, vorwiegend aber wohl darin, daß die gesamte Bevölkerung von ausgesprochen internationalem Charakter war. In den umliegenden großen und reichen Dörfern wohnten vielleicht noch wendisch-pommersche Autochthonen aus den Tagen von Julin und Vineta her; in Swinemünde selbst aber, zumal in der Oberschicht der Bewohnerschaft, war alles derart durcheinandergewürfelt, daß man den Repräsentanten aller nordeuropäischen Völker daselbst begegnete, Schweden, Dänen, Holländern, Schotten, die hier früher oder später hängengeblieben waren, die meisten wohl zu Beginn des Jahrhunderts, zu welcher Zeit die bis dahin sehr unbedeutende Stadt überhaupt erst einen Aufschwung genommen hatte.

Die Zahl der Einwohner war, als wir daselbst eintrafen, gegen viertausend, wovon aber kaum der zehnte Teil städtisch-bürgerlich und ein noch viel kleinerer Bruchteil gesellschaftlich in Betracht kam. Was man mit mehr oder weniger Fug und Recht "Gesellschaft" nennen konnte, bestand aus nicht mehr als zwanzig Familien. Diese zwanzig bildeten (auch ein paar von Adel aus der Umgegend kamen des weiteren hinzu) eine sich im Olthoffschen Saale versammelnde "Ressource", zu der noch, wie zur Gesellschaft überhaupt, der Anhang oder die Gefolgschaft einiger der reichsten und angesehensten Häuser gehörte. Diese halb aus armen Verwandten und halb aus heruntergekommenen Kaufleuten bestehende Klientel wurde nicht immer, aber doch jedesmal zu den größeren, auf starke Wirkungen berechneten Gastereien mit herangezogen, um hier während der zweiten Tafelhälfte – die erste tat sich meist durch bemerkenswert gute Haltung hervor – das über sich ergehen zu lassen, was die Engländer practical jokes nennen. Trat dieser

Zeitpunkt ein, so lösten sich alle Bande frommer Scheu, und man schritt nun zu den gewagtesten Experimenten, über die zu berichten die Feder sich sträubt. Einmal kam es vor, daß einem dieser Unglücklichen, unglücklich weil er arm und abhängig, ein Backzahn mit der ersten besten Zange ausgezogen wurde, woraus man aber nicht schließen wolle, daß diejenigen, die dies vornahmen, überhaupt rohe Menschen gewesen wären. Nur der zu jener Zeit, zumal wenn die Weinlaune hinzukam, sich gern geltend machende gesellschaftliche Übermut glaubte sich dergleichen erlauben zu dürfen. In reichen und vornehmen Häusern auf dem Lande ging man gelegentlich noch um einen guten Schritt weiter, worüber ich anderen Orts ausführlicher berichtet habe. Zwanzig Familien also bildeten die Honoratiorenschaft der Stadt, und aus der Gesamtheit derselben möchte ich in diesem und den zwei folgenden Kapiteln eine bestimmte Zahl von Personen dem Leser vorstellen dürfen.

Da war zunächst der alte Landrat *von Flemming*, damals ein Fünfziger, nach Geburt und Stellung der erste Mann der Stadt und vielleicht auch der beste. Guter, alter Adelstypus. Sein Adelsgefühl war von jener eigentümlichen, glücklicherweise häufiger vorkommenden Art, die nie verletzt, so wie es Fromme gibt, deren Frömmigkeit nie bedrückt. Jene Adligen und diese Frommen haben eben nur das Bewußtsein eines inneren Vermögens, still, ohne jede Provokation. Der alte Flemming gehörte zu diesen Bevorzugten; er war vollkommen anspruchslos, eine tief bescheidene Natur, die die sogenannten Gaben nicht mißachtete, aber auch nicht überschätzte und das Gewicht auf die Gesinnung legte. Seine Beziehungen zu den guten Familien der Stadt waren die besten von der Welt. Unter anderen Verhältnissen hätte er es sehr wahrscheinlich vorgezogen, mit seinen Standesgenossen zu leben, aber in Swinemünde gab es deren nicht und in der Nachbarschaft nur sehr wenige. So schloß er sich gesellschaftlich dem an, was da war. Nur in einem nahm er beharrlich eine Sonderstellung ein, wohl mit einer kleinen liebenswürdigen Absichtlichkeit. Das war hinsichtlich des Tischweins. Auf allen Tafeln hielt man streng zum Stettiner Rotwein; der alte Flemming aber bezog ihn direkt aus Bordeaux, was ihm viele Kosten und wenig Dank einbrachte. "Wenn er sich doch zur Stettiner Traube bekehren wollte", so hieß es oft, ohne daß es geholfen hätte. Seine hinterpommerschen Güter waren verpachtet und wurden erst nach seinem Tode von der Familie wieder übernommen. Er hatte sich spät verheiratet, und sein Haus, dem ein reicher Kindersegen erblühte, tat sich ebenso durch gute Sitte wie durch Herzensgüte hervor. Zwischen seiner Frau und meiner Mutter bestand eine große Liebe, was wohl in gegenseitigem Respekt der Charaktere seinen Grund hatte. Diese besondere Freundschaft führte denn auch zur Stiftung eines "cercle intime", der eine etwas merkwürdige Zusammensetzung hatte: Landrat von Flemming (Uradel), Rittergutsbesitzer von Borcke (dito), Apotheker Fontane. Hierin lagen denn auch, trotz besten Willens auf beiden Seiten, die Keime raschen Auseinanderfallens, und es kam wirklich über einen ersten Gesellschaftsabend nicht hinaus. Man hatte sich bei Flemmings versammelt, und als es zu Tische ging, reichte der alte Flemming der schönen Frau von Borcke seinen Arm und von Borcke der Frau von Flemming; mein Vater und meine Mutter blieben übrig. "Eh bien, Madame, Dieu le veut" sagte mein Vater, und beide folgten als drittes Paar. Es kam andern Tags zu den aufrichtigst gemeinten Entschuldigungen, ohne daß diese den "cercle intime" wiederhergestellt hätten. Aber auch ohne diesen, die Freundschaft blieb und überdauerte, wie gleich hier erzählt werden mag, unseren Swinemünder Aufenthalt um viele Jahre. Dessen war besonders die silberne Hochzeit meiner Eltern, 1844, ein beredter Zeuge. Wir lebten damals in einem großen und reichen Oderbruchdorfe, zwei Meilen von Küstrin, und von uns Kindern war, wohl oder übel, ein Polterabend vorbereitet worden. Die Mama hatte sich zunächst sehr energisch dagegen ausgesprochen, war aber schließlich überwunden worden. Und so kam denn der große Tag heran. Am Spätnachmittage, kurz vor Beginn der Aufführungen – einige von uns waren schon in Kostüm – fuhr unter herzhaftem Blasen des Postillons eine Extrapost bei uns vor, und dem ziemlich klapprigen Wagen entstiegen, nachdem ein Tritt herangerückt war (denn die Wege waren mal wieder grundlos), als erster der alte Landrat von Flemming und hinter ihm her ein zweiter Herr, beide abdeputiert, um dem Silberpaare die Grüße der alten Swinemünder Freunde zu bringen. Sie kamen, wie sich denken läßt, nicht mit leeren Händen, und als wir Kinder das Unsere getan und unser Festspiel beendet hatten, trat von Flemming im Namen der alten Tafelrunde vor und überreichte unter feierlicher Ansprache einen Pokal. Die Freude war groß und aufrichtig. Ein kleines Abendessen folgte dieser Szene, von allerlei Reden begleitet; aber diese Reden und Gegenreden, so viele ihrer waren, reichten doch nicht aus, die langen Abendstunden mit Manier zu füllen, so daß gegen neun der Spieltisch aufgeklappt und eine Partie ganz wie vordem arrangiert wurde. Dies wiederholte sich auch am nächstfolgenden Tage, wo, nach dem stattgehabten eigentlichen Festmahle, die Verlegenheiten hinsichtlich Unterbringung der Zeit noch um ein erhebliches größer waren. Alles in allem war, als sich, Gott sei Dank, am Morgen des dritten Tages der Abreisemoment näherte, die Mehrzahl der Stunden am Whisttisch verbracht worden. Und nun kam der Abschied selbst. Wir sahen den beiden Scheidenden unter Tücherwehen eine ganze Weile nach, dann aber nahm mich mein Vater unterm Arm und sagte, während er mit mir auf und ab ging: "Es war sans phrase reizend, aber einschließlich unseres Whist en trois doch etwas kostspielig. Habe wieder ein Erkleckliches dabei verloren. Andrerseits muß ich sagen, es hätte mich doch sehr geniert, wenn ich der Gewinner gewesen wäre. Bedenke nur den Pokal und die Reise! Freilich, merkwürdig ist und bleibt es... nicht einmal an meinem silbernen Hochzeitstage... immer dasselbe Pech. Ob es doch vielleicht ein Zeichen für mich sein soll, eine Schicksalsmahnung, es aufzugeben!"

Und wirklich, er gab es auf! Freilich nicht direkt, aber der hier geschilderte Tag war doch ein Wendepunkt, und wenn ich ihn in seinen letzten Lebensjahren besuchte, beglückwünschte er sich regelmäßig zu diesem endlichen Wandel der Dinge und sagte: "Das verdanke ich dem alten Flemming; weißt du noch, damals, als er mir den Pokal brachte."

Frau von Flemming war eine geb. Koenigk. Ihr Vater starb früh, aber ihr Oheim lebte noch in den hier von mir zu schildernden Tagen. Es war das der alte Steuerrat *Koenigk*. Er nahm neben Landrat von Flemming wohl die erste Stellung ein, so wenigstens erschien es mir, was übrigens möglicherweise nur darin seinen Grund hatte, daß ich, infolge von vielen noch aus der Zeit der Kontinentalsperre herrührenden Geschichten, vor jeglichem, was mit Steuer und Douane zusammenhing, einen großen Respekt hegte. So war einer dieser Geschichten nach, ich glaube im Jahre 1809, der Versuch gemacht worden, eine Schiffsladung voll Vanille einzuschmuggeln, selbstverständlich eine Sache von sehr bedeutendem Wert. Die Douane kam indessen dahinter und belegte die ganze Ladung mit Beschlag. Aber nicht das allein, auch vernichtet mußte die Ladung werden, und so wurden denn Hunderte von Vanillekisten auf dem großen Marktplatz übereinandergeschichtet und angezündet. Dies geschah zufällig bei nebligem Wetter, und so kam es denn, daß der die Flamme niederdrückende Nebel die Stadt einen ganzen Tag lang in eine Vanillenatmosphäre hüllte. Wo so was vorkommen konnte, da spielte die Steuer natürlich eine Rolle. – Steuerrat Koenigk war ein Herr von sehr feinen Sitten, ernst und liebenswürdig zugleich, dabei voll Geistesgegenwart. Einmal in eine Gesellschaft geladen, wurde er aufgefordert, sich an den Spieltisch zu setzen. Das erste, was er sah, waren ungestempelte Karten. Er erhob sich einfach von seinem Platz und ging in das Nebenzimmer, um da mit den Damen zu plaudern. Die Karten verschwanden natürlich sofort. Koenigk, als wir nach Swinemünde kamen, war schon mehrere Jahre lang Witwer und lebte zurückgezogener als andere. Von seinen beiden Söhnen aber war der ältere dann und wann auf

Besuch im väterlichen Hause. Dieser ältere, *Karl*, hatte sich dem Baufach gewidmet und bekleidete zuletzt ein Direktorialamt (Betriebsdirektor) an der Anhalter Eisenbahn. Er beschloß seine Tage in einer kleinen Stadt am Harz. Der jüngere Bruder, *Louis*, führte ein eigentümlich wechselvolles Leben. Er war stark in die Demagogenbewegung verwickelt und hatte Festungshaft zu verbüßen. Als er wieder freikam, kam auch er vorübergehend ins väterliche Haus, und ich entsinne mich seiner aus jener Zeit her sehr wohl. "Er war für Freiheit und kam auf die Festung", in diese Lapidarworte faßte mein Vater die Situation zusammen, und ich meinerseits war voller Teilnahme, weil ich in dem Ganzen etwas Heldenmäßiges und Opferfreudiges sah, das mir als solches imponierte. Von seinem Lebensausgang erfuhr ich später das Folgende. Mitte der dreißiger Jahre ging er als Erzieher zu den Kindern eines Grafen Bninski; dort war er lange Zeit, wurde Freund des Hauses und sprach nur oft den Wunsch aus, daß er auf dem Swinemünder Kirchhofe begraben sein möchte. Daß sich dies erfüllen würde, war ihm selber sehr zweifelhaft. Aber es erfüllte sich doch. Er wurde nervenkrank und sollte, nach ärztlichem Rat, zu seiner Wiederherstellung in ein Seebad. Er wählte natürlich Swinemünde. Da starb er und ruht nun da, wo er zu ruhen wünschte.

Ein anderer aus der Honoratiorenschaft war Hofrat Dr. *Kind*, wenn ich recht berichtet bin, ein Neffe des Freischützdichters Friedrich Kind. Er war mit einem Fräulein Valentini verheiratet, einer Schwester des um jene Zeit als Universitätslehrer in Berlin lebenden italienischen Professors Valentini. Das damals erst aufblühende Swinemünder Seebad verdankte dem Eifer Kinds sehr viel; unter anderem war er auch schriftstellerisch in dieser Richtung tätig. In seiner Erscheinung war er klein und fein, typischer Sachse, was sonderbarerweise die Spottlust der sonst so humoristisch-derb zugeschnittenen Swinemünder nicht herausforderte. Nie war er Gegenstand von neckischen Angriffen und ist mir dadurch immer ein Beweis geblieben, daß man Hänseleien sehr wohl entgehen kann, auch ohne Grobheit, Unliebenswürdigkeit und Zweikämpfe. Denn es ist sehr selten, daß Spötter unter allen Umständen ihren Spott treiben; sie suchen vielmehr zunächst nach Schwächen, und erst wenn sie diese gefunden haben, haken sie ein, während alle diejenigen unbehelligt bleiben, die ruhig und artig ihren Weg wandeln und keine Blöße bieten. So war es auch mit Dr. Kind. Er war unser Hausarzt, und meine Mutter hielt große Stücke auf ihn. "Die andern", sagte sie, "sind Witzbolde; Dr. Kind ist aber ein feiner Mann, und wenn ich da wählen soll, wird mir die Wahl nicht schwer."

Hofrat Kind war Hüter unseres physischen Menschen, der alte Pastor *Kastner* dagegen war Hüter unserer Seelen. Allerdings nicht auf lange mehr; er starb bald nach unserer Ankunft. Sein Amtieren am Ort reichte wohl bis in die letzten friderizianischen Regierungsjahre, jedenfalls bis in die Franzosenzeit zurück, und wenn er "Erinnerungen" geschrieben hätte, so hätte das wohl das anschaulichste Bild einer kleinen pommerschen Seestadt aus dem Ende des vorigen und dem Beginne dieses Jahrhunderts gegeben. Er hatte durch all die Zeit hin, trotzdem es Zeiten bedenklichster Lebens- und Gesellschaftsformen waren, sein Ansehen nicht eingebüßt, und die Liebe seiner Gemeinde stiftete ihm gegen das Ende seiner Tage hin ein lebensgroßes Bild in der Kirche, das, wie die Bilder aller alten Pastoren mit Doppelkinn, den ausgesprochenen Luthertypus zeigte. Wenn wir gelegentlich dem alten Küster Hahr, der nebenher auch noch Totengräber und Glöckner war, beim Glockenläuten halfen, schlich ich mich meistens aus der Vorhalle der Kirche in diese selbst hinein, bloß um das Bild des alten Kastner, der mir als der Inbegriff des Ehrwürdigen erschien, besser vor Augen zu haben. Daß mich der alte K. beziehungsweise sein Bild so lebhaft interessierte, hatte freilich seinen Grund nicht bloß in der ehrwürdigen Erscheinung des Alten, sondern mehr noch darin, daß mir mein Vater erzählt hatte, Pastor Kastner, trotzdem er nur arm sei, habe seine drei Söhne studieren lassen, und alle drei seien Professoren geworden, einer sogar Professor der Chemie zu Kasan, "zu Kasan an der Wolga mit beinahe 60 000 Einwohnern". Mein Vater hatte nämlich, wie schon angedeutet, ein besonderes Talent, nicht bloß historische, sondern auch geographische Namen derart auszusprechen, daß sie einen Eindruck machen mußten, besonders wenn er die Namensnennung noch mit einer großen Einwohnerzahl begleiten konnte. Neben dem Predigerhause stand das Bürgermeisterhaus, drin Bürgermeister *Beda* wohnte. Wie Kastner, so war auch Beda schon alt und krank, und sein Stadtregiment, wenn er ein solches überhaupt noch führte, währte nicht lange mehr. Kaum ist mir ein Bild von ihm geblieben, desto deutlicher aber von seiner (zweiten) Frau. Diese war beim Hinscheiden ihres Gatten noch eine Schönheit ersten Ranges und stammte wahrscheinlich aus dem Süden, ich würde sagen aus Süd-Spanien, wenn sie nicht statt klein und zierlich wie die meisten Südspanierinnen von imposanter Erscheinung gewesen wäre, groß, ernst, hoheitlich. Jedenfalls war ihr etwas völlig Fremdartiges eigen, und als ich einige zwanzig Jahre später Storms Gedichte kennen und bewundern lernte, konnte ich eines dieser Gedichte nie lesen, ohne die Gestalt der schönen Frau Beda wieder vor mir aufsteigen zu sehen. Dies Gedicht hieß "Die Fremde" und lautete in seinen Schlußzeilen:

Ich hörte niemals heim verlangen
Den stolzen Mund der schönen Frau,
Nur auf den südlich blassen Wangen
Und über der gewölbten Brau
Lag noch Granadas Mondenschimmer,
Den sie vertauscht um unsern Strand,
Und ihre Augen dachten immer
An ihr beglänztes Heimatland.

All das paßte genau auf die schöne Frau Beda. Ihre älteste Tochter, die viele Jahre später in unserem Hause lebte und meine jüngste Schwester erzog, war in ihrer Jugend von gleicher Schönheit wie die Mutter, aber nicht von derselben Dauerbarkeit. Ein jüngerer Sohn der Frau Beda, der jahrelang zu meinen Spielgefährten zählte, ging später nach England und wurde preußischer Konsul in Leith bei Edinburg. Da sah ich ihn 1858 auf einer Reise durch Schottland wieder, ihn und seine junge Frau. Diese war eine Tochter des Historikers Alison, eines der wenigen englischen Geschichtsschreiber, die torystisch und (was Alison angeht) sogar im Sinne und zur Verteidigung der gesamten Stuart-Familie geschrieben haben. Auch das kam zur Sprache, und wir verplauderten sehr angenehme Stunden.

Die Mutter und Tochter Beda waren Schönheiten, was mir Gelegenheit gibt, hier einschaltend über die Swinemünder Frauenwelt überhaupt zu sprechen. Der kleine Ort war wie eine lebendige Gallery of beauties und gab so recht den Beweis für die Überlegenheit der Meeresanwohner in allem, was Erscheinung angeht. Wohl mag gelegentlich auch eine deutsche Binnenlandsbevölkerung, also beispielsweise die Bevölkerung in Rhein- und Main-Franken, in einzelnen Teilen von Schwaben, auch sporadisch in Sachsen und Schlesien, ähnlich hohe Prozentsätze von anmutigen Frauen und Mädchen aufweisen, ich bilde mir aber ein, nirgends in meiner deutschen Heimat so viel weibliche Schönheit gesehen zu haben, wie damals in dieser kleinen Stadt. In den guten Familien war eigentlich alles hübsch, aber fast noch hübscher war die dienende Klasse. Weiter oben habe ich den Namen des Totengräbers Hahr genannt; seine Tochter war bei uns im Hause und so schön, daß sie sich weit über ihren Stand und ihre Bildung hinaus verheiratete. Was daraus geworden ist, weiß ich nicht. Und dabei war es, als ob der Ort nach dem Satze "wo viel ist, wird's immer mehr" auch noch Anziehungskraft auf umwohnende Schönheiten ausgeübt hätte. So kam es, daß sich eines Tages aus dem Neuvorpommerschen ein Major Thomas mit seinen Töchtern in Swinemünde niederließ, drei jungen Damen, die nun durch Jahre hin den Kulminationspunkt des gesellschaftlichen Lebens bildeten. Mein Vater, ganz aus dem Häuschen, hielt begeisterte Reden in dem ihm eigenen Stil, was jedesmal einen Gegenstand äußerster Erheiterung für meine Mutter ausmachte, während ich selbst, wenn ich an den Ballabenden dem Tanze dieser drei Huldinnen zusehen durfte, den Olthoffschen Ressourcensaal sich in einen Weihetempel verwandeln sah.

Ziemlich um dieselbe Zeit, als Major Thomas eintraf, kam auch Schiffahrtsdirektor *Bauer*. Er hatte keine schönen Töchter, spielte sich aber selber auf Schönheit oder um mit meinem Vater zu sprechen "auf ein gefälliges Exterieur hin" aus. Und nicht ohne Grund, denn er hatte gesunde Farben und blonde Löckchen und trug eine goldne Brille. Noch ehe er da war, war schon eine Art Opposition gegen ihn im Gange, was der Sachlage nach eigentlich nur natürlich war. Es hatte bis dahin, wenn ich recht berichtet bin, keine Schiffahrtsdirektor-Stelle gegeben, und nun schuf man eine solche. Wenn man nach dem Namen gehen durfte, so mußte die Stelle notwendig den Zweck haben, der Schiffahrt aufzuhelfen, und der, der bestimmt war, diese Hilfe zu leisten, mußte was davon verstehen. Aber verstand der in Sicht Stehende wirklich etwas davon? Das wollte nicht recht einleuchten. Er war ein Binnenlandsmensch und hatte von Schiffen schwerlich mehr gesehen als eine Gondelflottille zwischen Treptow und Stralau. Was konnte der helfen und fördern! Das war so die Stimmung, als er kam. "Ein Herr vom grünen Tisch", so hieß es. Nun mochte sich manches Richtige darin aussprechen, nur in einem war es nicht richtig; der eben Eingetroffene war alles, nur kein "Herr vom grünen Tisch", genau das Gegenteil. Er hatte seine Laufbahn als Schillianer oder Lützower oder freiwilliger Jäger begonnen und war um bewiesener Schneidigkeit und patriotischer Gesinnung willen in den Staatsdienst herübergenommen worden. Alle diese Personen, was sonst auch gegen sie gesagt werden konnte, waren nie Schreiberseelen, setzten vielmehr umgekehrt ihr Vertrauen und ihren Anspruch ans Leben in ihre Persönlichkeit und gingen davon aus, daß sich mit gutem Mut und gesundem Menschenverstand – eine gute staatliche Rückendeckung natürlich vorausgesetzt – *alles* machen ließe. Fachwissen und Schreiberei, dazu waren die Sekretäre da; Sicherheit des Auftretens, gute Nerven und Frühstücksstimmung, das war das, worauf es ankam. Von dieser Anschauung und Richtung war denn auch der neue Schiffahrtsdirektor. Als er sich eingeführt hatte, sah man sofort, daß man ihn falsch taxiert habe, was indessen die Stimmung gegen ihn nicht besserte. Vom grünen Tisch war er nicht, er war umgekehrt Lebemann und ganz und gar darauf aus, in kluger Weise die Dinge zu seinem Vorteil zu gestalten. Das war etwas durchaus anderes, aber in den Augen der regierenden

Klasse mindestens ebenso gefährlich oder vielleicht noch gefährlicher. Es galt also, ihn in Schach zu halten, was seiner Gewandtheit und Schlagfertigkeit gegenüber nicht ganz leicht war. Endlich indessen fand sich die Gelegenheit dazu. Bauer, ganz Autodidakt, hatte die Schwäche aller Autodidakten, sich auf "Bildung" hin ausspielen und in Fremdwörtern exzellieren zu wollen. Eine Weile ging das. Mit einem mal aber schlug seine Stunde, und das irrtümlich angewandte Wort "Triumph" wurde zum Triumph für seine Gegner. Er ließ nämlich einen Wohltätigkeitsaufruf drucken, darin in klug berechneter Huldigung gegen die drei reichsten und angesehensten Familien Swinemündes, von dem " *Triumphirate* der Stadt" gesprochen wurde. Da hatten sie ihn, er war entdeckt. An dem unglücklichen "ph" war seine Macht gescheitert. Ähnliche Menschlichkeiten folgten, und das eine Zeitlang um sein Ansehen besorgt gewesene Honoratiorentum führte nun das bis dahin so stolze Roß ruhig und sicher am Zügel. Man ließ ihm seine Rodomontaden und war zufrieden, ihn in seinen eigenen Augen einigermaßen entgöttert zu haben. Bauer – der übrigens zwanzig Jahre später (1848) als demokratischer Krotoschiner Bürgermeister noch einmal eine kurze Weile geglänzt haben soll – war einfach Mensch geworden, und der alte Swinemünder Ton konnte, wie vordem, unbehindert weiterherrschen.

Unter denen, die diesen alten Ton in seiner kräftigsten Urgestalt repräsentierten, stand Konsul *Thompson* obenan. Er bewohnte ein großes Haus am Markt, ein Haus mit drei Fronten, an deren einer sein kleiner Kaufladen lag, denn, wie bei allen Konsuln, so durfte auch bei ihm der Laden nicht fehlen. Warum alle so sehr darauf hielten, weiß ich nicht, da, wie mir scheinen will, der Ertrag dieser Läden nur unbedeutend sein konnte. Thompson, damals ein Mann von Mitte Vierzig, glich für gewöhnlich dem "deutschen Herrn", dem Tiefenbach in den Piccolominis, verstand es aber, wenn es paßte, den gemütlichen Tiefenbach in den rücksichtslosesten Illo zu verkehren. Klug, humoristisch, voll Schlagfertigkeit, war er immer noch sehr beliebt und einflußreich, trotzdem er den unter dem Ansehen einer anderen und geschulteren Familie seit etwa fünfzehn Jahren immer maßvoller gewordenen Stadtton nicht mehr ausschließlich bestimmte. Nur im Bowlebrauen war er unbestrittener Herrscher geblieben.

In einer Art Gegensatz zu ihm stand Kaufmann *Schultze*, der, was Thompson in steifem Grog leistete, seinerseits in matter Limonade war. Aber ebendeshalb war er wie geschaffen zum Ballarrangeur und Vergnügungsdirektor, und der sentimentalere Teil der Damenwelt verzog ihn ganz ungebührlich, besonders weil er nebenher auch noch des Vorzugs genoß, der einzige Tenor der Stadt zu sein. Um seinen etwas müde dreinschauenden Kopf lag immer ein Ausdruck höherer

Weihe. Dabei hielt er sich für die Swinemünder für zu schade. Wenn ich mir jetzt sein Bild zurückrufe, kommt es mir vor, als hätt' ich zu bestimmten Epochen meines Lebens eine gewisse Ähnlichkeit mit ihm gehabt. – Tenor oder Lyrik macht wenig Unterschied.

Siebentes Kapitel
Die Schönebergs und die Scherenbergs

Unter den im vorigen Kapitel kurz skizzierten Familien, wie angesehen die eine oder die andere derselben auch sein mochte, befand sich keine, die gesellschaftlich den Ton angegeben hätte. Näher dieser Aufgabe kamen *die* zwei Familien, beide Kaufmannsfamilien, die uns in diesem Kapitel beschäftigen sollen: die Schönebergs und die Scherenbergs.

Zunächst die *Schönebergs*. In Swinemünde selbst ist gegenwärtig der Name erloschen, aber während jener Jahre, von denen ich hier zu erzählen habe, war der alte Schöneberg zwar nicht der hervorragendste, klügste und vornehmste, wohl aber der reichste Mann der Stadt, und zwar der *wirklich* reichste. Denn sein Besitz war solide, was man dem Reste der Swinemünder Honoratiorenschaft nicht nachrühmen konnte. Sie *wollten* es auch nicht sein; alles Solidesein war langweilig und philiströs. Natürlich schlug oft die Stunde, wo diese beständig vom glücklichen Zufall abhängigen Hasardeure bei der Schönebergschen Solidität Hilfe suchten, und diese Stunde des Hilfesuchens hätte wohl noch öfter geschlagen, wenn nicht der vorsichtige alte Handelsherr, so gern er sonst half, den gewohnheitsmäßigen vabanque-Spielern gegenüber eine weise Zurückhaltung beobachtet hätte. Diese Tugend klug erwägender Zurückhaltung war wohl im Zusammenhang damit, daß die Schönebergs keine baltischen Pommern, sondern echte Kinder unserer Mark waren, was sich mir aus ausgangs des vorigen Jahrhunderts von einem Mitgliede der Familie gemachten Tagebuchaufzeichnungen ergibt.

Danach stammten die Schönebergs aus Berlin, wo, zu Zeiten des ersten Königs und unter dessen Nachfolger, der Ahnherr des nach Pommern hin verschlagenen Zweiges der Familie wohnte. Derselbe war Servicerendant und Kirchenvorsteher an der Marienkirche. Sein Sohn trat dem Kirchlichen noch näher und wurde Prediger zu Biesdorf, wenige Meilen von Berlin, wo ihm von seiner Frau geb. Meerkatz fünfzehn Kinder geboren wurden. Einer der Söhne, Kaufmann geworden, ging als solcher erst nach Stargard, dann nach Swinemünde, woselbst er Ende des vorigen Jahrhunderts ein schon in gutem Ansehen stehendes Geschäft erwarb. Es gelang ihm, dies Ansehen zu steigern, aber die volle Blüte stellte sich doch erst unter seinem ältesten Sohn, Heinrich August ein, geboren 1776, gestorben 1855.

Dieser Heinrich August hieß, als wir 1827 nach Swinemünde kamen, bereits der " *alte Schöneberg*", was insoweit ganz in der Ordnung war, als ihm, dem freilich erst Einundfünfzigjährigen, bereits ein junger Schöneberg im Geschäft zur Seite stand. Dies Schönebergsche Geschäftshaus war ein großes Eckhaus am Marktplatz, und meine Mutter, wenn es sich um Einkäufe handelte, dahin begleiten zu dürfen, gewährte mir jedesmal eine große Freude. Was ich da sah, war mir eine fremde Welt. In Ruppin gab es natürlich auch Kaufläden, in denen man in dem einen allerlei Kolonialwaren, in dem anderen Tuch oder Leinwand und in einem dritten irdenes Geschirr kaufen konnte. Diese Läden aber hatten samt und sonders etwas Kleines und Spießbürgerliches, das der Phantasie nirgends Nahrung gab, und wenn es gar Winter war, so konnten einem die armen halberfrorenen Lehrlinge mit ihren braunen Pulswärmern und den Handschuhen ohne Finger vollends die Freude verderben. Von all diesem Unschönen war hier in Swinemünde keine Rede. Der Schönebergsche Laden – der sehr im Pluralis auftrat, denn es war eine ganze Reihe von Läden – barg eine Welt der verschiedensten Dinge, was wohl in dem regen Seeverkehr der Stadt seinen Grund hatte. Wenn ein Schiffskapitän hier eintraf, der seine Brigg zu einer Fahrt um Kap Horn herum ausrüsten wollte, so fand er hier alles, was er brauchte: Kompaß und Barometer für sein Schiff, Frieshemden und wollene Mützen für seine Matrosen, vor allem aber auch allerhand feine Dinge für sich selbst, dazu Geschirr für Küche und Kajüte. Das Geschirr buntester und mannigfachster Art bildete, so jung ich war, doch schon damals einen Gegenstand besonderer Aufmerksamkeit für mich, teils um seiner geschmackvollen Formen und Ornamente, teils um seines Materials willen. In unserem Binnenlande, trotz vereinzelter Bemühungen es zu bessern, lagen alle diese Dinge noch sehr im argen, und braunes "Bunzlau" beherrschte vorwiegend den Markt; was sich hier in dem Schönebergschen Laden aber meinen Augen bot, war ausschließlich englisches Geschirr, vieles in Fayence (sog. Wedgewood), andres in Britanniametall. Ich war immer helles Staunen und Bewunderung und nicht bloß dem zu Kauf Stehenden, sondern auch den die Honneurs des Hauses machenden Verkäufern gegenüber, Vater und Sohn. Der Vater, noch ein schöner Mann, exzellierte gleichmäßig in Umgangsformen und weißester Wäsche, während sein Sohn, auf den sich, von der Mutter her, eine das Kränkliche streifende Zartheit vererbt hatte, diese Zartheit durch etwas sehr Bestimmtes in seinem Wesen wieder wettzumachen wußte. Dezidiert und verbindlich zugleich, diese Charaktermischung war es denn auch, die ihn mehr noch als sein Reichtum das schönste Mädchen der Stadt heimführen ließ, eine leuchtende, echt germanische Blondine, einzige Tochter des im übrigen mit Söhnen beinah allzureich gesegneten Scherenbergschen Hauses.

Die *Scherenbergs*, denen ich mich nun zuwende, stammten ursprünglich aus Westfalen, wo sie mehrere Jahrhunderte zurück den noch jetzt bei einem Zweige der Familie verbliebenen Sieger-Hof besaßen. Andere Zweige verließen ihre heimatliche Provinz und übersiedelten teils westlich ins Jülich-Clevesche, teils östlich bis an die Oder hin, wo sie sich in Stettin und später in Swinemünde niederließen.

Das Haupt dieses Stettin-Swinemünder Familienzweiges war zu der Zeit, von der ich hier berichte, Johann Friedrich Scherenberg, ein Sechziger, dessen ältester Sohn, Christian Friedrich, damals schon über dreißig Jahre zählte, während der noch unter uns lebende Maler Hermann Scherenberg eben erst das Licht der Welt erblickt hatte. Diese starken Jahresunterschiede waren darin begründet, daß der alte Scherenberg zweimal verheiratet war, in erster Ehe mit einem Fräulein Courian, in zweiter Ehe mit einem Fräulein Villaret, beide der Stettiner französischen Kolonie entstammend. Aus diesen Eheschließungen mit Damen von durchaus französischer Eigenart erklärt es sich auch wohl, daß, durch jetzt drei Generationen hin, alle oder doch fast alle diesem Swinemünder Zweige der Scherenberg-Familie Zugehörigen eine ausgesprochene, zum Teil von sehr bemerkenswerten Erfolgen begleitete Vorliebe für die schönen Künste gehabt haben. Denn wenn es auch – ich habe darüber mit dem verstorbenen Konsistorialrat Fournier, dem besten Kenner auf diesem Gebiete, mehr als einmal eingehende Gespräche führen dürfen – als sicher gelten darf, daß auf allgemeine geistige Veranlagung hin angesehen, von einer im vorigen Jahrhundert von seiten der Kolonieleute noch als eine Art Dogma betrachteten Überlegenheit längst keine Rede mehr sein kann, so möchte ich doch beinah annehmen, daß in bezug auf künstlerische Beanlagung (Handgeschicklichkeiten mit eingeschlossen) auch in diesem Augenblicke noch die Nachkommen der "Kolonie" den Berlinischen Autochthonen – ganz speziell *diesen*, im Gegensatz zu dem Zuzug aus andern deutschen Landesteilen – um einen guten Pas voraus sind. Ich glaube dies mannigfach beobachtet zu haben, aber freilich in keinem Falle gleich auffällig wie in dem Fall Scherenberg. Überblicke ich mit Umgehung der Damen, in deren Reihen sich vielfach dieselbe künstlerische Neigung zeigte, die Gesamtheit dessen, was seit Beginn des Jahrhunderts der Scherenberg-Familie zugehörte, so stellt sich, trotzdem fast alle von vornherein für den Kaufmannsstand bestimmt wurden, folgendes als Resultat heraus:

Christian Friedrich Scherenberg (gestorben 1881), der Dichter von Ligny und Waterloo, von Zieten-Ritt, Abukir und Hohenfriedberg; *Ernst* Scherenberg, Dichter und Schriftsteller; *Gustav* Scherenberg, Schauspieler und Theaterdirektor; *Hermann* Scherenberg, Maler und Illustrator; *Hans* Scherenberg (Sohn Hermanns) ebenfalls Maler.

Ein gut Stück Künstlerschaft . Aber auch die, die über die Welt hin zerstreut innerhalb ihres ursprünglich gewählten Kaufmannsberufes verblieben, hatten in der Kunst dilettierend ganz ausgesprochen den dichterischen Zug oder führten ein Leben, das einer romantischen Dichtung gleichkam, unter ihnen *Theodor* Scherenberg (Christian Friedrichs älterer Bruder), der 1813 in Abenteurerlust und patriotischem Übereifer mit kaum sechzehn Jahren in den Krieg zog und ein paar Wochen später bei Dennewitz fiel.

Die Beziehungen meiner Eltern, besonders meiner Mutter, zu dem Scherenbergschen Hause, waren sehr freundliche; wir Kinder aber, vielleicht weil der alte Scherenberg schon ein Schwerkranker war, überschritten kaum jemals die Schwelle des Hauses. Desto deutlicher hab' ich dies Haus selbst in seiner äußeren Erscheinung in Erinnerung: ein sauberer Bau mit aufgesetztem Frontgiebel und schönen alten Linden davor. Kam dann der Sommer, so hörte man das Summen der Bienen in dem Gezweig, und die Vögel flogen wie munterer hier ein und aus. Es war, als wüßten sie, wieviel fröhliche Genossenschaft ihnen aus dem Hause, das sich hinter dem blühenden Gezweig barg, über kurz oder lang erwachsen würde.

Achtes Kapitel

Die Krauses

Die Scherenbergs waren eine durch Klugheit und Begabungen, die Schönebergs eine durch Reichtum und Solidität angesehene Familie; beide jedoch führten nicht eigentlich das Regiment, noch weniger die Thompsons, trotzdem der schon in Kürze geschilderte, mal als Tiefenbach und mal als Illo sich gerierende Chef des Hauses, nach wie vor seinen Anhang und Einfluß hatte. Die Herrschenden in der Stadt waren die *Krauses*, zugleich diejenigen, auf die die Verfeinerung des noch aus der Kriegszeit herstammenden derberen Tones zurückzuführen war. Das Haupt der Familie war um die Zeit, von der ich hier spreche, der Geheime Kommerzienrat Krause, meistens der "alte Geheimrat" oder auch nur kurzweg der "alte Krause" genannt. Alles erging sich in Respekt gegen ihn, und der meinige war schon da, bevor ich noch den Vielgefeierten von Angesicht zu Angesicht kennengelernt hatte. Das hing so zusammen. Am Bollwerk lag ein besonders großes und schönes Schiff, das vorn am Gallion statt eines Namens einfach die Bezeichnung "Der neunte März" trug. Ich fragte, wie das käme, und hörte nun, was sofort einen großen Eindruck auf mich machte, daß der 9. März der Geburtstag des alten Krause sei. Bald danach sah ich diesen zum erstenmal, als er am Anlegeplatz des Stettiner Dampfschiffes einen Gast empfing. Er war trotz seiner beinahe Siebzig noch in glänzender Verfassung, so daß ich sagen darf, auf meinem Lebenswege niemandem begegnet zu sein, der mir die dominierenden Gestalten des vorigen Jahrhunderts so veranschaulicht hätte wie er. Die Männer von heute wirken wie blaß daneben, weil ihnen das fehlt, was, sich in der Gegenwart nicht gleich glücklich entwickeln kann: ein ungeheures Selbstgefühl. Wo kam nun dies Hochmaß her? Man sollte füglich glauben, daß es in Zeiten, in denen der unter Umständen auch die höchsten Würdenträger des Staats nicht schonende friderizianische Krückstock noch immer umging, an diesem Selbstgefühl hätte fehlen müssen; aber es lag umgekehrt und mußte so liegen; denn gerade so selbstherrlich wie der Fürst des Landes, so selbstherrlich war jeder in seinem Kreise. Man glaubte ehrlich an die Staatspyramide, bei der es natürliches Gesetz war, daß der obere Stein auf den unteren drückte. Jeder herrschte nach dem Maß seiner Stellung und seiner Verhältnisse. Beim alten Krause kam zur Stärkung des Selbstgefühls und eines aus glücklichen Lebensverhältnissen erwachsenen Glaubens an sich noch ein anderes hinzu: die Macht einer ausgesprochenen, in jedem Augenblick in Haltung und Miene sich kundgebenden Männlichkeit, eine Macht, die vielleicht zu keiner Zeit eine so hervorragende Rolle gespielt hat wie während des vorigen Jahrhunderts und nicht zum wenigsten – man gedenke des russischen Hofes – auf dem Felde großer und kleiner Politik.

Und eben auf diesem Felde mit Hilfe glücklicher natürlicher Gaben sich zu betätigen, dazu bot auch der Beginn dieses Jahrhunderts noch volle Gelegenheit und vielleicht nirgends mehr als in unseren Seestädten, wo die Kontinentalsperre die Schwierigkeiten der durch die Fremdherrschaft geschaffenen Lage verschärfte. Jedenfalls lag es dementsprechend in Swinemünde, das zu jener Zeit eine französische Garnison besaß oder doch das, was man damals so nannte. Sah man näher zu, so waren es meist Truppen aus den Rheinbundstaaten, Hessen, Nassauer, Westfalen. An den Odermündungen, speziell in Swinemünde, standen Badenser, die sich gut nahmen und mit denen man unter gegenseitigem Entgegenkommen auf vortrefflichem Fuße lebte, bis eines Tages Fritz von Blankenburg, wenn ich nicht irre, der Vater oder Oheim des späteren konservativen Abgeordneten, durch einen geschickt geplanten Überfall die ganze badisch-französische Besatzung gefangennahm. Inmitten solcher Ereignisse sich gegen den Verdacht der Mitschuld und andererseits, bei Bekämpfung dieses Verdachts, auch wiederum gegen den Vorwurf einer undeutschen und illoyalen Gesinnung zu schützen, konnte nur einer so siegreichen und zugleich so diplomatischen Persönlichkeit, wie die des alten Krause, gelingen, die denn auch klug und fest alles zum guten Ende führte.

Ja, der alte Krause! Solang es die Verhältnisse forderten, war er neben vielen anderen auch ein guter, in die Zeit sich schickender Diplomat gewesen; als dann aber die Tage des ersten freien Aufatmens kamen, erwies er sich als ein noch besserer Patriot. Kaum daß der Aufruf des Königs erlassen war, so war er da, sich in seiner Vaterlandsliebe zu betätigen. Er begnügte sich nicht, einen reitenden Jäger in voller Equipierung zu stellen, sondern machte zugleich das Anerbieten, zwanzig Jäger zu Fuß zu rüsten und ein Jahr lang zu unterhalten. Zwei Jahre später, nach der Rückkehr Napoleons von Elba, ließ er seinen inzwischen herangewachsenen ältesten Sohn als Freiwilligen eintreten, in welcher Eigenschaft dieser den Feldzug von Anno 15 mitmachte.

Zeigte dies alles seine loyale Gesinnung, so bewies es nicht minder seinen glänzenden, durch die voraufgegangenen Kriegsjahre mehr geförderten als verminderten Besitz- und Vermögensstand. Und so lag es in der Tat. Hätte es aber noch eines Beweises dafür bedurft, wäre dieser dadurch erbracht worden, daß der alte Krause nach wiederhergestelltem Frieden ein in der Nahe Stettins gelegenes Gutsareal, die Güter Colbatz, Hoffdamm und Heidchen für die damals bedeutende Summe von 255 000 Taler an sich brachte. Das war 1816, und diese Zeit bezeichnete wohl den Höhepunkt im Ansehen der Familie.

Sommer 1837 sah ich den alten Geheimrat zum letztenmal. Er traf damals Anstalten, den 1816 erworbenen Besitz wieder zu veräußern, und zwar an den Staat. Zu diesem Zwecke war er nach Berlin gekommen und hatte daselbst in dem in der Burgstraße gelegenen Hotel de Portugal Wohnung genommen. Natürlich eine Flucht Zimmer im ersten Stock. Ich machte mich eines Nachmittags auf, um hier an den, wenn er bei guter Laune war, ziemlich umgänglichen alten Herrn eine Frage nach seinem mir befreundeten Enkel zu richten, ein Vorhaben, das scheiterte. Denn im selben Augenblicke, wo ich von der Treppe her in den zwischen den Vorder- und Hinterzimmern hinlaufenden Korridor einbiegen wollte, sah ich auch schon, am äußersten Ende desselben, eine hohe, von einer Gasflamme hell beleuchtete Gestalt, die, während sie mit einem mächtigen Weichselrohr (ich erkannte von weither die Elfenbeinkrücke) wie mit einem Gewehrkolben auf die

Diele stieß, den Gang hinunter mit Donnerstimme "Louis" rief. Louis war sein Diener, ein bildhübscher, etwas durchtriebener Schlingel. Ich sah sofort, daß von einer gemütlichen Anfrage keine Rede sein konnte, machte deshalb kehrt und hörte nur noch, wie sein Rufen nach dem Diener zum zweiten- und drittenmal, alles aufstörend, das Hotel durchschütterte. Solche Störung war ihm aber gleich. Er war nicht daran gewöhnt, auf Kellner oder Portier, oder wohl gar auf einen seine Nachmittagsruhe haltenden Weinreisenden irgendwelche Rücksicht zu nehmen.

Drei Jahre später starb er, der "König von Swinemünde".

Zu der Zeit, als wir daselbst eintrafen (1827), war der alte Geheimrat nominell noch in voller Herrschaft, hatte jedoch, weil er seit 1816 die Hälfte des Jahres auf seinem Gute Colbatz zubrachte, das Tatsächliche der Herrschaft an seine zwei Söhne Wilhelm und Eduard, wie an zwei Statthalter abgetreten. *Eduard*, damals noch jung, wirkte wie ein Adlatus des erheblich älteren Bruders und kam erst zu voller Bedeutung, als es ihm einige Jahre darnach vergönnt war, den jungen Prinzen Adalbert, späteren Admiral, in seinem unter prächtigen Linden am Bollwerk gelegenen Hause wiederholentlich als Gast begrüßen zu können. Den überaus liebenswürdigen Prinzen mit dem schon damals sprechend ähnlichen Großen-Kurfürsten-Profil ebenso wie zwei, drei seiner Adjutanten, darunter Hauptmann v. Bonin, den späteren Führer des Ersten Armeekorps 1866, habe ich aus jenen Tagen her noch deutlich im Gedächtnis.

All dies war im Beginn der dreißiger Jahre, wo meine Swinemünder Tage sich schon ihrem Ende zuneigten. Während der unmittelbar voraufgehenden Zeit aber lag, gesellschaftlich angesehen, das Stadtregiment bei des alten Krause schon genanntem ältesten Sohne, dem Kommerzienrat *Wilhelm* Krause, von dem ich im nachstehenden zu berichten haben werde.

Das von ihm bewohnte Haus erhob sich neben dem seines Bruders an einer besonders malerischen Stelle. Das Ganze, voll Eigenart und mit künstlerischem Sinn ausgeführt, war ein Hochparterrebau, von einem Fliesengang eingefaßt, um den sich kurze Pfeiler mit dazwischen ausgespannten Ketten zogen. Eine von einem zierlich und geschweiften Gitter eingefaßte Sandsteintreppe führte zu dem Hochparterre hinauf und mündete auf einen breiten Flur, den wieder ein langer, querlaufender Korridor durchschnitt. Dadurch entstand eine Vierteilung, die für Ordnung und Übersicht des Ganzen sorgte: Wirtschaftsräume, Schlafzimmer, Wohnzimmer und großer Saal. Die Wohnzimmer und der große Saal lagen nach vorn hinaus und bildeten jedesmal einen Gegenstand meiner Bewunderung. In den Wohnzimmern waren es besonders die Kupfer- und Stahlstiche, die mich entzückten, zunächst Landschaften und Genrestücke, dann aber auch Porträts englischer Staatsmänner samt Kriegs- und Seehelden, so daß sich mir schon damals die Köpfe von Lord Canning, Lord Melbourne, Lord Palmerston und mehr noch die von Nelson, Wellington und Codrington, dem "Sieger von Navarino", tief einprägten. Am meisten Eindruck aber machte Präsident Bolivar auf mich, Held und Befreier von Südamerika, das mir als Cortez- und Pizarro-Gegend ohnehin teuer war, ein sehr schöner Mann, der ebenso durch sein Aussehn wie durch den Klang seines Namens meine Sinne gefangennahm. Ja, diese den Hauptschmuck der Wohnung ausmachenden Bilder fesselten mich immer wieder; mein Hauptstaunen aber war doch wohl der große Frontsaal, der, meist geschlossen, nur bei Festvorbereitungen geöffnet wurde, bei welcher Gelegenheit ich dann einen flüchtigen Einblick tun konnte. Zu beiden Seiten standen zahllose Stühle, dicht nebeneinandergerückt, ein mächtiger Glas-Kronleuchter hing von der Decke herab, und dem Eingange gegenüber, ganz wie bei uns, erhob sich ein bis an die Decke reichender Trumeau. Das Ganze wie das Einzelne gab mir ein Gefühl von Befriedigung, und es freut mich heute noch, daß ich schon damals die schönheitliche Überlegenheit dieser aus der Empirezeit stammenden und wahrscheinlich aus England bezogenen Möbel ganz deutlich empfand. All die Kapitel 5 geschilderten "Prachtstücke", die wir in unserm eigenen Hause besaßen, wirkten trotz einer gewissen Ähnlichkeit oder vielleicht auch um derselben willen höchst spießbürgerlich daneben.

Von Spießbürgerlichkeit konnte nun hier überhaupt an keiner Stelle die Rede sein. Auf dem durch ein Gitter von dem eigentlichen Hofe abgetrennten Hühnerhofe ragten Volieren und Taubenhäuser in japanischen Formen auf, aber einen noch viel größeren Eindruck als diese zierlich-phantastischen Bauten im Hofe machten auf mich im Hause selbst die großen und kleinen Giebelstuben samt dem dazwischen gelegenen pittoresken Bodenflur, der den Krauseschen Kindern als Spielplatz diente. Zur Sommerzeit hatte dieser Spielplatz keine Bedeutung, Winters aber und besonders in der Woche zwischen Heiligabend und Neujahr, wenn alle Geschenke vom Weihnachtstisch fortgenommen und hier hinaufgeschafft wurden, war dieser Bodenflur wie ein Paradies für Kinder. Einmal befand sich unter den hinaufgeschafften Geschenken auch eine holländische Windmühle, die größer war als ich und lustig ihre Flügel drehte. Mir drehte sich dabei alles im Kopf, so benommen war ich von dieser Herrlichkeit. Was aber das allerwichtigste war und meinem militärischen Enthusiasmus (der sich übrigens [leider] sehr bald wieder von dieser Niederlage erholte) den ersten Stoß versetzte, das war bei Musterung dieser Spielsachen die totale Abwesenheit alles karikiert Martialischen, nichts von Helm oder Tschako, nichts von Trommel oder Säbel. Der feingebildete Sinn des Hausherrn mied solche Gewöhnlichkeiten.

Und hier muß es gesagt werden, in dieser feinen Schulung des Hausherrn bestand recht eigentlich sein Übergewicht über alle seine Mitbürger, unter denen einige durch eine gewisse Genialität, andere durch gründlicheres Wissen ihm überlegen sein mochten. Er hatte dafür jene weltmännischen Formen, wie sie Reisen, Lektüre, gute Lebensverhältnisse zu geben pflegen, und vertrat im eminenten Grade jenen erfreulichen vornehmen Dilettantismus, der, an allem Höheren ein Interesse nehmend, sich aus eben diesem Interesse mit dem Höheren nun auch wirklich zu beschäftigen beginnt. Man wurde von dieser Eigenart des auch in seinen Umgangsformen überaus liebenswürdigen Mannes auf einen Schlag überzeugt, wenn man ihn statt in den unteren Wohnzimmern in den schon erwähnten nach dem Bollwerk hinaus gelegenen Giebelzimmern aufsuchte, deren geräumigstes er sich zu einem physikalischen Kabinett eingerichtet hatte. Jetzt begegnet man dergleichen häufiger, damals aber war es wohl ein Unikum in der ganzen Provinz. Da befanden sich Instrumente, um die Fallgesetze zu demonstrieren, optische Gläser, Leydener Flaschen und Voltasche Säulen, Elektrophore, Vergrößerungsgläser, Mikroskope, vor allem auch eine Luftpumpe. Noch mehr aber als die Luftpumpe selbst interessierte uns eine Windbüchse, die nach dem Luftpumpenprinzip geladen wurde. Machten sich nun Krähen und Raubvögel auf des Kommerzienrats Hühnerhofe bemerklich, so ging er – wahrscheinlich weil in der Stadt mit einer gewöhnlichen Schußwaffe nicht geschossen werden durfte – mit dieser seiner Windbüchse auf Jagd, und das Raubzeug wurde dann nach seiner Erlegung unter allseitigem Jubel an die Remisentür genagelt.

Das war das physikalische Kabinett. Aber im Laufe der Jahre sah sich dasselbe von dem etwas kleineren chemischen Laboratorium fast überholt, was teils mit dem raschen Fortschreiten der Chemie, teils mit dem zufälligen Umstande zusammenhängen mochte, daß unter den häufiger in Swinemünde eintreffenden Badegästen auch einige Berliner Chemiker waren, obenan Major Tourte, der, mit dem Kommerzienrat innig befreundet, von den Ofen und Schmelztiegeln nicht fortkam und halbe Tage lang vor seinen Retorten saß.

So war *der*, dem, um es zu wiederholen, die gesellchaftliche Reformaufgabe der Stadt zugefallen war. Er unterzog sich derselben und modelte, will sagen moderierte den Ton. Aber er ging damit nur bis an eine gewisse Grenze, so daß, wie schon an anderer Stelle erzählt, die Derbheit zwar eingeschränkt, aber nicht ganz aufgehoben wurde. Auch unter seinem Regime blieb das gesellschaftliche Leben von einer gewissen Neckteufelei beherrscht, entweder weil er die Unmöglichkeit einer totalen Umgestaltung einsah oder vielleicht auch dieser etwas sonderbaren Gesellschaftsform selber ein wenig zuneigte. Alles lief in dem Leben der das Groteske liebenden Swinemünder Kaufleute darauf hinaus, die Träger des sogenannten "Höheren" – trotzdem der Kommerzienrat für seine Person sich diesen "Trägern des Höheren" mit Fug und Recht zuzählen durfte – jeden Augenblick fühlen zu lassen, daß es mit dem Geistigen oder gar mit dem Idealen nicht allzuviel sei. Man konnte sich in die Tage des Tabakskollegiums zurückversetzt denken, wo die "Gelehrten" desselben, die Gundlings und Morgensterns, trotzdem oder richtiger weil sie kluge Leute waren, vieles über sich ergehen lassen mußten. Genauso verliefen die Swinemünder Gesellschaften. Mal erschien ein berühmter Professor, Theolog und Philosoph (ich glaube es war Marheineke) an der Krauseschen Tafel und hatte natürlich die Frau vom Hause, eine durch Schönheit und Klugheit ausgezeichnete Dame, zur Tischnachbarin, mit der er sich, schon beim Ragoût fin, in ein Gespräch über philosophische Themata verwickelt sah. In geschickter Weise Fragen stellend, immer nur in anscheinender Bescheidenheit eine ganz leise Vertrautheit mit den Dingen andeutend, erreichte die von Fichte, Hegel und Schelling wie von ihr wenigstens oberflächlich bekannten Größen sprechende Rätin alsbald soviel, den berühmten Professor in das alleraufrichtigste Staunen zu versetzen,. Und doch war alles bloß Rolle, die die Dame den Wünschen ihrer Umgebung nachgebend, sich mit Hilfe des Konversationslexikons einstudiert hatte.

Neckereien derart waren es denn auch, denen sich mein Vater, freilich sehr durch seine Schuld, beständig ausgesetzt sah. Ich komme weiterhin darauf zurück. Hier nur schon so viel, daß man ihm eines Tages erklärte, ihn in den Freimaurerorden – zu dessen Mitgliedern (was aber meinem Vater unbekannt war) in Wahrheit kein einziger aus der Honoratiorenschaft gehörte – aufnehmen zu wollen. Er ängstigte sich etwas davor, weil er von "In Sarg legen" und dergleichen gehört hatte. Und nun kam schließlich der dafür festgesetzte Tag, und alle Prozeduren, wie sie der landläufigen Annahme der damaligen *Nicht*-Freimaurerwelt entsprachen, wurden in feierlicher Sitzung, bei Stockfinsternis und unter Ansprachen und Schwüren mit ihm vorgenommen. Er merkte nichts und wollt' auch nichts davon wissen, als ihm meine Mutter tags darauf erklärte, daß man ihn gefoppt habe. Schließlich gab er es zu, aber mit der durchaus versöhnlichen Bemerkung: "Dann haben sie's wenigstens gut gemacht."

Ich überlasse es jedem, zu solchen gewagten Scherzen, sei's zustimmend, sei's mißbilligend, Stellung zu nehmen; wie man sich aber auch dazu stellen möge, *das* wird zugestanden werden müssen, daß in dem allem ein Etwas steckte, nach dem man sich in binnenländischen Nestern von 4000 Einwohnern vergeblich umgesehen hätte. Von Pfahlbürgertum, von Engem und Kleinem überhaupt, existierte keine Spur. Und das gab dem ganzen Leben nicht bloß Reiz und Unterhaltlichkeit, sondern, aller Tollheiten unerachtet, doch auch etwas von einem höheren Stempel. Ich habe später in jugendlichen Künstler- und Dichterkreisen oft Ähnliches erlebt, aber als *stadtbeherrschenden Ton* bin ich ihm nie wieder begegnet.

Neuntes Kapitel

Wie wir in unserem Hause lebten
Sommer- und Herbsttage
Schlacht- und Backfest

Wie wir in unserem Hause lebten? Im ganzen genommen gut, weit über unsern Stand und unsere Verhältnisse hinaus. Allerdings schoben sich, speziell auf das Küchendepartement hin angesehen, auch sonderbare Zeitläufte mit ein, so beispielsweise, wenn wir in Sommertagen wegen überreichen Milchertrages wochenlang im Zeichen der Milchsuppe standen. Alles streikte dann, Appetitlosigkeit vorschützend.

Aber das waren doch nur kurze Ausnahmezustände; für gewöhnlich wurden wir gut und zugleich sehr verständig verpflegt, was wir, mehr noch als meiner Mutter, unserer Wirtschaftsmamsell, einer Mamsell Schröder, zuzuschreiben hatten. Von dieser muß ich, ehe ich weitergehe, berichten. Als wir in Swinemünde eintrafen, war meine Mutter, wie schon in einem früheren Kapitel erzählt, einer Nervenkur halber in Berlin zurückgeblieben, und die Frage trat gleich nach unserer Ankunft an meinen Vater heran, wer inzwischen die Wirtschaft führen solle. Lokalzeitungen gab es nicht, also mußte mündlich herumgefragt werden, und schon wenige Tage später traf ein von einem Boten überbrachter Brief aus der Pudaglaschen Oberförsterei bei uns ein, worin der Oberförster Schröder anfragte, ob sich seine Schwester uns vorstellen dürfe; sie habe die Wirtschaft in seinem Hause gelernt. Mein Vater antwortete sofort zustimmend und war zwei Tage lang glücklich in der Vorstellung, eine Oberförsterschwester, noch dazu aus Pudagla, als Wirtschafterin in sein Haus nehmen zu können. Das gab Relief; er fühlte sich wie geehrt. Und am dritten Tage fuhr die Schröder denn auch bei uns vor und wurde seitens meines Vaters empfangen. Er versicherte später, Kontenance bewahrt zu haben, doch bin ich dessen nicht ganz sicher, trotzdem ihm sein gutes Herz und seine Politesse den Sieg über sich erleichtert haben mögen. Die gute Schröder war nämlich ein Pendant zu der ungefähr um dieselbe Zeit in Berlin auftauchenden "Prinzessin mit dem Totenkopf". Was bei dieser letzteren (die dann durch Dieffenbach, in einer berühmt gewordenen Kur, mittels "plastischer Chirurgie", wiederhergestellt wurde) das Unheil verschuldet hatte, weiß ich nicht, bei der Schröder aber waren es die Blattern. Indessen was heißt Blattern! Jeder hat einmal von den Blattern heimgesuchte Personen gesehen und dabei den Ausdruck "der Teufel habe Erbsen auf ihrem Gesicht gedroschen" mehr oder weniger bezeichnend gefunden. Jedenfalls ist der Ausdruck sprichwörtlich geworden. Hier aber wäre diese sprichwörtliche Wendung eitel Beschönigung gewesen, denn bei der guten Schröder gab es nicht erbsengroße Kuten, sondern halbhandbreite Narbenflächen. Ein Anblick, wie ich ihn nie wieder gehabt habe. Trotzdem, wie schon in vorstehendem gesagt, kam es zu einem Engagement, und niemals ist ein glücklicheres abgeschlossen worden. Die Schröder war ein Schatz, und als sechs Wochen später meine Mutter eintraf, sagte sie: "Das hast du gut gemacht, Louis; so entstellt sie ist, ihre Augen sind ihr geblieben und sagen einem, daß sie treu und zuverlässig ist. Und vor Liebschaften ist sie sicher und wir mit ihr. An der werden wir nur Freude haben." Und so kam es auch. Solange wir in Swinemünde blieben, solange blieb auch die Schröder in unserem Hause, von alt und jung geliebt und verehrt, nicht zum wenigsten von meinem Vater, der ihr besonders ihren Gerechtigkeitssinn und ihren Freimut hoch anrechnete, trotzdem er unter beiden Eigenschaften gelegentlich ernstlich zu leiden hatte. Sie war nämlich in einer beständigen Kriegführung gegen ihn, einmal aus Liebe zu meiner Mutter (deren beredten Anwalt sie machte, trotzdem diese, nach dem Satze: "Die beste Deckung ist der Hieb" sich sehr gut selber zu verteidigen wußte), dann aber auch als Verwalterin der ihr mit vollster Machtvollkommenheit anvertrauten Speisekammer, gegen die mein Vater beständig Raubzüge unternahm, nicht bloß für seine Person – das wäre noch gegangen, wiewohl er imstande war, einen halben Kalbsbraten ohne weiteres wegzufrühstücken – sondern Raubzüge auch zugunsten seiner Lieblinge: Hühner, Hunde, Katzen, von welch letzteren wir zwei hatten, Peter und Petrine. Peter, auch Peter der Große genannt, ein Kerl wie ein junger Jaguar, war sein besonderer Liebling, und wenn ihm das schöne Tier schnurrend in die Speisekammer gefolgt war (und er folgte immer), so nahmen die Leckerbissen für ihn kein Ende. Das Beste war gerade gut genug.

Über diese gottlose Wirtschaft raste dann die treue Seele, die Schröder, die manchmal die ganze Mittagsbrotdisposition in Frage gestellt sah. – Ja, sie war ein Schatz im Hause, noch mehr aber ein Segen für uns Kinder, ganz besonders für mich. Unsere Erziehung seitens der Eltern ging sprungweise vor, war da und dann wieder nicht da, von Kontinuität keine Rede. Für diese Kontinuität sorgte aber die Schröder. Sie hatte keine Lieblinge, ließ sich kein X für ein U machen und verstand es, jeden an der rechten Stelle zu fassen. Was mich anging, so wußte sie, daß ich gut geartet aber empfindlich, eitel und von einer gewissen Großmannssucht beherrscht war. Das alles wollte sie niederhalten, und so hörte ich denn zahllose Male: "Ja, du denkst wunder, wer du bist, aber du bist ein kindischer Junge, gerade so wie die anderen und mitunter noch ein bißchen schlimmer. Willst immer den jungen Herrn spielen, aber junge Herren lecken keinen Honig vom Teller und streiten es wenigstens nicht ab, wenn sie's getan haben, und lügen überhaupt nicht. Neulich hast du was von Ehre geschnackt; nun, ich sage dir, Ehre sieht anders aus." Sie hielt auf Wahrheit, behandelte Großsprechereien mit feinem Spott und war sparsam in ihrem Lob. Aber wenn sie lobte, das wirkte. Sie hat mir viel gute Dienste geleistet, und erst spät im Leben, als ich schon über fünfzig war, bin ich noch einmal einer alten Dame begegnet, die gleich erziehlich auf mich eingewirkt hat. Denn man hört nie auf, erziehungsbedürftig zu sein; ich gehe noch jetzt in die Schule und lerne von Leuten, die meine Enkel sein könnten.

So viel über die gute Schröder, und nachdem ich ihrer in diesem Exkurse gedacht habe, frage ich noch einmal: "Ja, wie lebten wir?" Ich gedenke es in einer Reihe von Bildern zu zeigen, und um Ordnung und Überblick in die Sache zu bringen, wird es gut sein, das Leben, wie wir es führten, in zwei Hälften zu teilen, in ein Sommer- und ein Winterleben.

Da war nun also zunächst das *Sommerleben*. Um Mitte Juni hatten wir regelmäßig das Haus voll Besuch, denn meine Mutter hielt noch, nach alter Sitte, zu Verwandten, was wir Kinder nur sehr unvollkommen von ihr geerbt haben. Aber wohlverstanden, sie hielt zu Verwandten, nicht um Vorteile von ihnen zu haben, sondern um Vorteile zu gewähren. Sie war unglaublich generös, und es gab Zeiten, wo wir, schon erwachsen, uns die Frage vorlegten, welche Passion eigentlich bedrohlicher für uns sei, die Spielpassion des Vaters oder die Schenk- und Gebepassion der Mutter. Schließlich wußten wir aber Bescheid in dieser Frage. Was der Vater tat, war das reine weggeworfene Geld, was die Mutter zu viel ausgab, war immer selbstsuchtslos ausgegeben und barg einen stillen Segen in sich. Ein gewisses Verlangen (so gut sich's tun ließ), ein ganz klein wenig von einer grande Dame zu sein, lief wohl mit unter, aber einen Beisatz von menschlicher Schwäche hat schließlich all unser Tun. Später, wenn wir mit ihr über diese Dinge sprachen, sagte sie: "Gewiß, ich hätte manches auch unterlassen können, es ging weit über unsern Etat; aber ich sagte mir: was da ist, wird doch ausgegeben, und da ist es besser, es läuft meinen Weg als den andern."

Diese Sommermonate, von Mitte Juni an, waren durch die Fülle von Besuch oft reizend, meist junge Frauen aus der Berliner Verwandtschaft, plauderhaft und heiter. Das Haus war dann, auf Wochen hin, total verändert, und Scherz und Schalkhaftigkeit, die sich bis zur Ausgelassenheit steigerten, herrschten vor. Die Streitaxt war begraben, und die glänzendste Nummer in dem sich nun entspinnenden Wettstreite guter Laune war immer mein Vater selbst. Er war, wie oft schöne Männer, das absolute Gegenteil von einem Don Juan, auch stolz auf seine Tugend, aber so undonjuanmäßig er war, so gascognisch entzückend war er, wenn es sich um übermütige, gelegentlich die verwegensten Themata streifende Wortkämpfe mit den jungen Frauen handelte, von welchen letztren er nur forderte, daß sie hübsch seien, sonst verlohnte sich's ihm nicht. Ich habe diese Neigung, in scherzhaftem Tone mit Damen in diffizile Debatten einzutreten, von ihm geerbt, ja, diese Neigung sogar in meine Schreibweise mit herübergenommen, und wenn ich entsprechende Szenen in meinen Romanen und kleinen Erzählungen lese, so ist es mir mitunter, als hörte ich meinen Vater sprechen. Bloß, daß ich sehr hinter ihm zurückbleibe, was mir, als er schon über siebzig und ich dementsprechend auch schon leidlich bei Jahren war, von Leuten, die ihn noch in seiner guten Zeit gekannt hatten, oft gesagt worden ist. "Hören Sie", so hieß es dann wohl, "Sie sind ja soweit ganz gut, wenn Sie mal Ihren glücklichen Tag haben, aber gegen Ihren Vater können Sie nicht an." Und das traf auch sicherlich zu. Seine von Bonhomie getragenen und zugleich von phantastischen Advokatenkunststücken unterstützten Plaudereien, waren – auch wenn sie Geldsachen, wo doch sonst die Gemütlichkeit aufhört, betrafen – geradezu unwiderstehlich und dabei von so nachwirkender Kraft, daß keines von uns Kindern je das geringste bittere Gefühl über seine höchst merkwürdigen Finanzoperationen unterhalten hat. Nur meine Mutter war zu sehr anders geartet, um durch seine gesellschaftlichen Liebenswürdigkeiten umgestimmt oder erobert werden zu können; ihr war die Sache gerade dann am widerstrebendsten, wenn sie ins Leichte und Heitere gezogen werden sollte. "Was ernst ist, ist eben nicht heiter." Übrigens bestritt sie ihm nicht, daß er, als glücklicher Humorist, es immer verstanden habe, die Leute auf seine Seite zu ziehen, setzte dann aber hinzu "leider".

Und nun zurück zu dem Sommerbesuch in unserm Hause. Das junge Weibervolk immer zu vergnügen, war mitunter etwas schwer, und es hätte sich vielleicht als unmöglich erwiesen, wenn nicht die Pferde gewesen wären. An fast jedem schönen Nachmittage fuhr der Wagen vor, und diese mit ihrem Besuch uns zeitweilig fast erdrückenden Badesaisontage mögen wohl die einzigen gewesen sein, wo sich meine Mutter, ohne übrigens ihre Grundanschauung deshalb aufzugeben, vorübergehend mit der Existenz von Pferd und Wagen aussöhnte. Wer Swinemünde kennt, und es kennen es viele, weiß, daß man bei Nachmittagspartien wegen hübscher Zielpunkte nicht in Verlegenheit kommt, und auch schon damals war es so wie heute. Da ging es, am Strand hin, bis Heringsdorf oder nach der anderen Seite hin bis an die Molen; am beliebtesten aber, schon um Schutz gegen die Sonne zu haben, waren die Fahrten landeinwärts, entweder durch dichten Buchenwald auf Corswant zu oder noch lieber nach dem in Nähe des Haffs und des "Golins" gelegenen Dorfe Camminke. Da war eine vielbesuchte Kegelbahn, auf der dann auch die Damen mitspielten. Ich meinerseits aber stellte mich gern neben die splittrige Lattenrinne, drauf der Kegeljunge die Kugeln wieder zurücklaufen ließ, welchen Stand ich übrigens nur wählte, weil ich kurze Zeit vorher gehört hatte, daß ein Mitspielender auf eben dieser Kegelbahn beim Abfangen der heranrollende, Kugel sich einen langen Lattensplitter unter den Nagel des Zeigefingers eingestoßen habe. Das hatte solchen Eindruck auf mich gemacht, daß ich immer schaudernd auf eine Wiederholung wartete, die aber zum Glück ausblieb. War ich dann endlich müde vom Warten, so trat ich durch eine schiefhängende, immer knarrende Gittertür in ein Stück Gartenland ein, das dicht neben der Kegelbahn hinlief und zwar parallel mit ihr. Es war ein richtiger Bauerngarten, Balsaminen und Reseda blühten drin, und an einer Stelle standen die Malven so hoch, daß sie eine Gasse bildeten. Sank dann die Sonne drüben am Walde, so schwamm der nach Westen liegende Golm in einem roten Licht, und die metallene Kugel auf seiner hohen Säule sah, als wäre sie golden, auf das Dorf und den Kegelgarten hernieder. Myriaden von Mücken standen in der Luft, und die Hummeln flogen zwischen den Buchsbaumbeeten hin und her.

Mit Beginn des August verließ uns gewöhnlich unser Besuch wieder, und kam dann der September heran, so schieden auch aus der Stadt selbst die letzten Badegäste. Wollte wer länger bleiben, so war das unbequem für die Wirte, wobei folgende Szene vorkam. Einer (natürlich ein Berliner), als er sich eben wieder von der Abfahrtsstelle des Dampfschiffs, wohin er ein paar abziehende Freunde begleitet, in seine Mietswohnung zurückbegeben hatte, setzte sich, die Hände reibend, behaglich zu seinen Wirtsleuten und sagte: "Na, Hoppensack, nu sind ja die Berliner alle weg oder doch beinahe alle; nu soll's losgehen, nu wird's gemütlich." Er erwartete natürlich vollste Zustimmung. Statt dessen aber sah er nur lange Gesichter. Endlich nahm er sich ein Herz und fragte, warum sie so flau seien? "Gott, Herr Schünemann", sagte Hoppensack, "ein Registrater und seine Frau kamen ja schon Ende Mai, und nu is es beinah Mitte September. Man will doch auch mal wieder alleine sein". Die Frau nickte zustimmend. Da hatte denn Schünemann keine Wahl mehr und mußte den andern Tag auch aufbrechen.

Waren dann die letzten Badegäste fort, so ließen die Aquinoktialstürme nicht lange mehr auf sich warten und setzten sich, wenn es ein schlimmes Jahr war, bis in den November hinein fort. Erst fielen die Kastanien, dann prasselten die Ziegel vom Dach, und aus den Dachrinnen, die immer so angebracht waren, daß sie gerade dicht neben den Schlafstubenfenstern mündeten, stürzte der Regen platschend in den Garten. Dann wieder jagten zerrissene Wolken am aufklärenden Himmel hin; die Luft wurde kalt; alles fror, und den ganzen Tag über stand ein alter Holzhauer in der Remise, bei dem sich nun mein Vater einfand und, die Axt in die Hand nehmend, eine halbe Stunde lang statt seiner das Holz spaltete.

Das gesellschaftliche Leben ruhte während dieser Spätherbsttage, man erholte sich von den Strapazen der Sommersaison und stärkte sich für die Wintergesellschaften. Aber ehe diese kamen, war noch ein mehrwöchentliches Interregnum durchzumachen, die Schlacht- und Backzeit, die letztere schon mit der Weihnachtszeit zusammenfallend.

Mit dem Gänseschlachten fing es an. Eine reguläre Wirtschaftsführung ohne Gänseschlachten konnte nicht wohl gedacht werden. Es handelte sich dabei um mancherlei, zunächst wohl um die Federn zur Herstellung immer neuer Fremdenbetten, vor allem aber auch um die geräucherten Gänsebrüste, die fast so wichtig waren wie die Schinken und Speckseiten im Rauchfang. Waren, kurz vor Martini, die Gänse zu diesem Zweck in genügender Zahl herangetrieben und auf dem Hofe, wo nun ein entsetzliches Schnattern uns eine Woche lang um unsere Nachtruhe brachte, zu letzter Auffütterung eingepfercht, so wurde auch schon der Tag zu Beginn der Festlichkeit festgesetzt. Meist Mitte November. Auf dem Hofe, hart an die Giebelwand des Hauses sich lehnend, befand sich, wie schon erzählt (und zwar sonderbarerweise mit einem Taubenschlage darüber) die Gesindestube, darin außer der Köchin noch zwei Hausmädchen schliefen. Immer vorausgesetzt, daß sie schliefen. Der Kutscher – an Stelle des alten Ehm war längst eine jugendlichere Kraft getreten – sah sich, der Hausordnung nach, zunächst freilich auf die Häckselkammer neben dem Pferdestall angewiesen; er verzichtete jedoch gern auf die Selbständigkeit dieses ihm zuständigen Aufenthaltes und zog es vor, den ohnehin engen Raum der Gesindestube durch seine Gegenwart noch enger zu machen. Alles nach dem Satze: "Raum ist in der kleinsten Hütte usw." War nun aber die Gänseschlachtzeit herangekommen, so bedeutete das eine weitere, sehr erheblich gesteigerte Raumbeschränkung, denn am selbigen Abend, an dem das Massakrieren beginnen sollte, stellte sich zu dem, was für gewöhnlich die Gesindestube beherbergte, auch noch ein Aufgebot alter Weiber ein, vier oder fünf, die sonst als Wasch- oder auch wohl als Jätefrauen ihr Dasein fristeten. Und nun begann das Opferfest. Immer spät abends. Durch die weit offenstehende Tür, geöffnet weil es sonst vor Stickluft nicht auszuhalten gewesen wäre, schienen die Sterne in den verqualmten und durch ein Talglicht kümmerlich erleuchteten Raum hinein. An dem Talglicht immer ein Dieb. Nächst der Tür aber, in einem Halbkreise, standen die fünf Schlachtpriesterinnen, jede mit einer Gans zwischen den Knien, und sangen, während sie mit einem spitzen Küchenmesser die Schädeldecke des armen Tieres durchbohrten (eine Prozedur, deren Notwendigkeit mir nie klar geworden ist), allerlei Volkslieder, deren Text in einem merkwürdigen Gegensatz sowohl zu dem mörderischen Akt wie zu der Trauermelodie stand. So wenigstens mußte man annehmen, denn die Mädchen, die, den Gast aus der Häckselkammer zwischen sich, auf der Bettkante saßen, begleiteten die Volkslieder mit unendlichem Vergnügen, ja die besonders traurig klingenden Stellen sogar mit Juchzern. Meine beiden Eltern waren sittenstreng, und es war oft die Rede davon, ob diesem frechen Treiben nicht Einhalt zu tun sei; schließlich aber hatte man den Kampf dagegen aufgegeben, und mein Vater, dem es schwante, daß dergleichen schon im Altertum vorgekommen sei, sagte, nachdem er nachgeschlagen: "Es ist eine Wiederholung alter Zustände, römische Saturnalien, oder was dasselbe sagen will, momentane Herrschaft der Dienenden über die sogenannte

Herrschaft". Und als er so den Hergang historisch rubriziert hatte, gab er sich zufrieden, um so mehr als die Mädchen am andern Morgen ihn jedesmal durch einen ganz besonders sittigen Augenniederschlag erheiterten.

Er stellte dann phantastisch ausschweifende Betrachtungen an, als ob Gil Blas seine Lieblingslektüre gewesen wäre. Das war aber nicht der Fall, er las vielmehr nur Walter Scott, was ich ihm heute noch danke, denn einige Bröckelchen fielen schon damals für mich ab. Quentin Durward zog er allem vor, vielleicht weil es ein französischer Stoff war. Ich habe hier übrigens noch hinzuzufügen, daß die Schrecknisse dieser Gänseschlacht-Epoche mit der eigentlichen Schlachtnacht und den Trauermelodien keineswegs abgetan waren, sondern sich durch mindestens eine halbe Woche hin noch weiter fortsetzten. Diese Schlachtzeit war nämlich zugleich auch die Zeit, wo das aus Gänseblut zubereitete "Schwarzsauer" tagtäglich auf unseren Tisch kam, ein Gericht, das nach pommerscher Anschauung alles andere aus dem Felde schlägt. Auch mein Vater hielt es für seine Pflicht, sich dieser landestümlichen Anschauung anzuschließen und sagte, wenn die dampfende Riesenschüssel erschien: "Ah, das ist recht; davon eßt nur; das ist die schwarze Suppe der Spartaner, alles Saft und Kraft", er selber aber suchte sich, gerade so wie wir, das Backobst und die Mandelklöße heraus und überließ die Kraftbrühe der Gesindeschaft draußen und vor allem den Schlacht- und Klage-Weibern, die sich durch ihre Bohrversuche den gegründetsten Anspruch darauf erworben hatten.

Etwa vierzehn Tage später folgte dann das Schweineschlachten. Meine Stellung dazu war noch genau dieselbe wie zu der Zeit, wo ich kaum siebenjährig aus der Stadt hinaus auf Alt-Ruppin zu geflohen war, um sowohl dem Anblick wie der ganzen Skala ohr- und herzzerreißender Töne zu entgehen; aber ich war doch inzwischen aus den Kinderjahren in die Jungensjahre hineingewachsen, wo man wohl oder übel seine Ehre darin setzt, alles mannhaft mit durchzumachen, auch wenn sich die eigenste Natur dagegen auflehnt. Daß die Aussicht auf "Reiswurst mit Rosinen" bei Durchführung dieser Tapferkeitskomödie mitgewirkt hätte, kann ich nicht sagen, denn so sehr ich sonst für gute Bissen war, so war ich doch in den der Weihnachtszeit voraufgehenden Wochen immer halb krank von dem unausgesetzt das Haus durchziehenden Fettwrasen. Jedenfalls konnte von gutem Appetit um eben diese Zeit (trotzdem sich's da gerade verlohnt hätte) nie recht die Rede sein, besonders dann nicht, wenn um Anfang Dezember, wie fast regelmäßig geschah, auch noch ein Hirsch von der Oberförsterei her eingeliefert war, der nun – aufgebrochen wie man ein Rind aufbricht – an die Giebelwand des

Gesindehauses gehängt wurde. Tag um Tag trat dann die Köchin an das schreckliche Giebelornament heran und schälte erst den Ziemer und dann die Vorder- und Hinterschlägel heraus, so daß wir immer aufatmeten, wenn es mit dieser Wildherrlichkeit wieder vorbei war.

Unter einem glücklicheren Stern stand die Backwoche, wo mit Pfeffer- und Zuckernüssen begonnen und mit Brezeln, Kranz- und Blechkuchen aufgehört wurde. Wir durften nicht nur mit in die Backstube hinein, darin es überaus anheimelnd nach bitteren Mandeln und geriebener Zitrone roch, sondern erhielten auch als Weihnachtsvorschmack eigens für uns Kinder gebackene kleine Wecken, alles reichlich zugemessen. "Ich weiß", sagte meine Mutter, "daß sie sich den Magen daran verderben; aber das ist besser, wie wenn sie knapp gehalten werden. Sie sollen all diese Zeit über eine Festfreude haben, und die bringt ihnen ein Festkuchen am besten bei". Es hat was für sich, und bei ganz robusten Kindern mag es das unbedingt richtige sein. Aber so robust waren wir doch nicht, daß es für uns so ohne weiteres gepaßt hätte. Mir war denn auch, um Weihnachten herum, immer sehr weinerlich zumute.

Am Silvester war Ressourcenball, auf den man mich, als den Ältesten, mitnahm. Ich stellte mich dann in schwankender Gemütsverfassung in eine Saalecke und sah zu. Wenn dann die tanzenden Paare an mir vorüberschwirrten, war ich zunächst glücklich, daß ich als eine Art Gast dastehen und mit dem Auge teilnehmen durfte und war doch auch wieder unglücklich, daß ich, statt mitzutanzen, eben nur das Zuschauen hatte. Die Nichtigkeit meines Ich legte sich mir schwer auf die Seele, doppelt schwer in dem gastrischen Zustand, in dem ich mich um diese Zeit regelmäßig befand, und erst wenn um Mitternacht der in einen langen blauen Mantel gekleidete Nachtwächter in den Saal trat und nach voraufgegangenem Signal auf seinem Horn ein fröhliches Neujahr wünschte, fiel mit einem Male jede Sentimentalität wieder von mir ab. Das Komisch-Groteske der Szene riß mich dann heraus, und ich hatte wieder meinen Frieden.

Zehntes Kapitel

Wie wir in unsrem Hause lebten (Fortsetzung) "Große Gesellschaft"

Etwa um eben diese Zeit begann auch das gesellschaftliche Leben, und zwar in Gestalt einer Reihe von Woche zu Woche wiederkehrender Gastereien. Über diese Gastmähler, unter denen manches insoweit dem des Belsazar glich, als eine

Geisterhand schon den Bankrott des Gastgebers an die Wand schrieb, habe ich in ihrer Totalität nur immer berichten hören, was aber von diesen mal kleineren mal größeren Gesellschaften auf speziell unser Haus entfiel, das habe ich mit Augen gesehen, und davon will ich in nachstehendem erzählen.

Waren wir an der Reihe, so bemächtigte sich des ganzen Hauses eine feierliche Stimmung, die mit der Stimmung bei Hochzeiten eine gewisse Ähnlichkeit hatte, wie denn auch die bekannte Dreiteilung von Polterabend, Hochzeit und Lendemain in der Gestalt von Vorbereitungstag, eigentlichem Festtag und Resteressen wiederkehrte. Welchem dieser drei Tage der Preis gebührte, mag unentschieden bleiben; doch glaube ich fast, daß mir der erste Tag der liebste war. Er verlief zwar unmateriell und entsagungsreich, hatte dafür aber die Vorahnung kommender Herrlichkeiten.

An diesem Vorbereitungstage erschien, wie in allen anderen Häusern, so auch bei uns die Witwe Gaster, eine renommierte Kochfrau. Sie vereinigte Behagen und Würdigkeit in ihrer Erscheinung und wurde, dieser letzteren Eigenschaft entsprechend, mit Respekt und unbedingtem Vertrauen, behandelt. Sie lebte bei begreiflicher Abneigung gegen alles das (besonders Süßigkeiten), was sie tagaus tagein zu produzieren hatte, beinah ausschließlich von Rotwein und entlehnte das wenige, was sie nebenher noch an Nahrung brauchte, dem beständigen Fettwrasen, in dem sie stand. Ihr Eintritt in unser Haus war für mich gleichbedeutend mit Posto fassen in Nähe der Küche, wo nun alles, was sich vollzog, von mir beobachtet, beziehungsweise bewundert wurde. Den Anfang machte immer die Herstellung eines Baumkuchens. Als die Gaster, die darüber Buch führte, den tausendsten fertig hatte, gaben ihr die Swinemünder Hausfrauen ein wohlverdientes Fest. Es gibt auch heute noch Baumkuchen, gewiß; aber die jetzigen sind Entartungen, schwächliche, schwammartige Bleichenwangs, während die damaligen eine glückliche Festigkeit hatten, die sich an den gelungensten Exemplaren bis zur Knusprigkeit steigerte, begleitet von einer vom dunkelsten Ocker bis zum hellsten Gelb reichenden Farbenskala. Ich war immer glücklich, dem Werdeprozeß solches Baumkuchens zusehen zu können. Auf einem riesigen Herde befand sich nach der Wand hin ein aus Ziegelsteinen aufgemauertes niedriges Halbgewölbe, das, nach oben zu dachartig vorspringend, nach unten zu schräg zurücktrat. An dieser zurücktretenden Stelle zog sich ein wohl vier Fuß langes schmales Kohlenfeuer hin, an das nun zwei kleine Eisenständer mit aufgelegtem Bratspieß und Drehvorrichtung herangerückt wurden. Der auf diesen Ständern ruhende Spieß aber gab sich nicht einfach als solcher, vielmehr war ihm ein seiner ganzen Länge nach ausgehöhlter und nach außen hin mit gefettetem Papier überzogener

Holzkegel aufgeschoben, der bestimmt war, die Seele des herzustellenden Baumkuchens zu bilden. Und nun, mit Hilfe eines an einem langen Stocke steckenden Blechlöffels, begann das Aufgießen eines dünnflüssigen, anfangs immer wieder herabtröpfelnden Teiges, so daß das eingeschlagene Verfahren eine ganze Zeitlang wie vergeblich erschien. Von dem Augenblick an aber, wo die Teigflüssigkeit konsistenter und das Abtropfen langsamer wurde, regten sich auch die Hoffnungen wieder, und ehe ein paar Stunden um waren, konnte der prachtvoll gebräunte, zugleich zackenreiche Baumkuchen von dem Holzkegel heruntergenommen werden. Alles dabei war von symbolischer Bedeutung. An das volle Gelingen dieses Pracht- und Schaustücks knüpfte sich das Vertrauen auf das Gelingen des Festes überhaupt. Der Baumkuchen stellte dem Ganzen das Horoskop.

Über die Küchentätigkeit des eigentlichen Gesellschaftstages geh' ich hier hinweg und führe statt dessen lieber das Fest selbst herauf. Es wurde dann – ein anderer Raum stand nicht zur Verfügung – ein langer Ausziehtisch in den Salon meiner Mutter geschafft, und alsbald zog sich an dem gelben Moirésofa mit den dreihundert Silbernägeln entlang die wohlgedeckte Tafel hin. Erst wenn die Lichter brannten, schritt man zu Tische. Der der Tafel Präsidierende kehrte dem großen Spiegel aus der Schinkelzeit jedesmal den Rücken zu, während alle anderen Gäste sich in dem Spiegelglase mehr oder weniger bequem betrachten konnten.

Meiner Erinnerung nach waren es immer Herrendiners, zwölf oder vierzehn Personen, und nur gelegentlich erschien auch wohl meine Mutter mit bei Tisch, meist begleitet von ihrer, auch zur Winterzeit oft monatelang auf Besuch bei uns weilenden, damals noch sehr jungen und hübschen Schwester. Diese letztere passend zu plazieren, erwies sich immer als besonders schwierig, und nur wenn der alte von Flemming und Hofrat Dr. Kind zugegen waren, war einigermaßen Sicherheit vor extremen Huldigungen gewährleistet. Sich vor solchen Huldigungen zu schützen, entzog sich beinahe der Möglichkeit. Man respektierte vielleicht Tugend, wiewohl mir auch das noch zweifelhaft ist, aber Tugendallüren waren abgeschmackt, und wo lag immer die Grenze zwischen Sein und Schein. Daß sich die Damen gegen Ende der Tafel zurückzogen und nur noch auf eine kurze Viertelstunde wieder erschienen, um beim Kaffee die Honneurs zu machen, versteht sich von selbst.

Ich habe weiter oben von der Kochkunst der guten Frau Gaster gesprochen, aber dieser Kochkunst unerachtet war die Bewirtung eigentlich einfach, namentlich gemessen an den Raffinement, das jetzt bei Gastmählern vorherrscht. Einfach sage ich und dabei stabil. Keiner wollte zurückbleiben, aber auch nicht über den andern hinausgehen. Auf die Suppe folgte ein Fisch, dann (feststehend) Teltower Rübchen und Spickgans, dann ein ungeheurer Braten und zum Schluß eine süße Speise samt Früchten, Pfefferkuchen und Königsberger Marzipan. Eine fast noch größere Einfachheit herrschte hinsichtlich der Weine; nach der Suppe wurde Sherry gereicht; dann aber trat ein Rotwein von mäßigem Preis und mäßiger Güte seine Herrschaft an und hielt sich bis zum Kaffee. Das Besondere, das diese Festlichkeiten hatten, lag also nicht im Materiellen, sondern, sonderbar zu sagen, in einem gewissen geistigen Element, in dem Ton, der herrschte. Dieser war, auf Anfang und Ende hin angesehen, ein sehr verschiedener. Den Anfang machten fein stilisierte Toaste, mitunter – namentlich wenn das Fest zugleich noch ein Familienfest, also Geburtstagsfeier oder dem ähnliches war – auch Verse, die, was Formgewandtheit und glückliche Pointen angeht, nichts zu wünschen übrigließen. Ich habe noch vor kurzem wieder einiges derart unter den Papieren meines Vaters gefunden und bin erstaunt gewesen, wie gut das alles war. Humor, Witz, Wortspiele fehlten nie, bei besondern Gelegenheiten aber kam auch das Gefühlvolle zum Ausdruck, und die, die einem richtigen Gefühl am fernsten, dem Delirium aber am nächsten standen, erhoben sich dann regelmäßig von ihren Plätzen und gingen auf den Redner zu, um diesen zu umarmen und zu küssen. Dies Küssen bezeichnete jedesmal den Beginn der zweiten Hälfte des Festes. Je weiter dann die Tafel gedieh, je freier wurde die Tafelberedsamkeit, die nun, vor nichts mehr erschreckend, alsbald zu den übermütigsten, oft derb zufassenden Hänseleien oder, wo sich diese verboten, wenigstens zu persönlichen Schraubereien hinüberleitete. Genau das, was man jetzt "uzen" nennt. Eines der auserlesensten Opfer dieser Lieblingsbeschäftigung der ganzen Tafelrunde war, wie schon in früheren Kapiteln angedeutet, mein Papa. Längst wußte man, daß er, auf Konversation hin angesehen, drei Steckenpferde hatte: die Rang- und Ordensverhältnisse des preußischen Staats, die Einwohnerzahl aller Städte und Flecken unter Zugrundelegung der neuesten Zählung und die Namen und Herzogstitel der französischen Marschälle, einschließlich einer Unsumme napoleonischer Anekdoten, die letzteren meist in Originalfassung. Mitunter wurde diese Fassung auf Satzbildung und Grammatik hin beanstandet, worauf mein in die Enge getriebener Papa mit unverbrüchlicher Ruhe antwortete: "Mein französisches Gefühl lehrt mich, daß es so heißen muß, so und nicht anders", ein Ausspruch, der natürlich den Jubel nur steigerte.

Ja, Napoleon und die Marschälle!

Das Wissen meines Vaters nach dieser Seite hin war geradezu stupend, und ich verwette mich, daß es damals keinen Historiker gab und auch jetzt nicht gibt, der, was französische Kriegs- und Personalanekdoten aus der Zeit von Marengo bis Waterloo angeht, auch nur entfernt imstande gewesen wäre, mit ihm in die Schranken zu treten. Wo er alles her hatte, ist mir rätselhaft. Ich kann es mir nur so vorstellen, daß er in seinem Gedächtnis ein Fach hatte, drin wie von selber alles hineinfiel, was er bei seiner unausgesetzten Lektüre von Journalen und Miszellensammlungen in eben diesen, als seiner Passion dienend, vorfand.

Obenan auf dem von ihm beherrschten Gebiete stand natürlich Napoleon selbst, an dem er übrigens merkwürdigerweise die Sankt-Helena-Tage vor den Tagen seines soldatischen Ruhmes bevorzugte. Dann folgte Ney, sein ganz besonderer Liebling, beinah Abgott. Nach diesem aber, in einer Art von Salto mortale, sprang er über alle weiteren, mehr oder weniger berühmten Marschälle, für die er samt und sonders nicht allzuviel übrig hatte, hinweg und wandte sich sofort den Größen zweiten und dritten Ranges zu, also Männern wie Rapp, Duroc, Nansouty, Cambronne, Friant, Lannes. Diesem letzteren, der schon 1809 bei Groß-Aspern fiel, war er fast so zugetan wie seinem Lieblinge Ney. "Ja, dieser Lannes, dieser Herzog von Montebello! Sonderbar. Er soll sehr beschränkt gewesen sein. Aber am Ende, was tut das? Ney war auch beschränkt." Und so bewies er aus der Beschränktheit des einen die Größe des andern oder stellte wenigstens die Bedeutungslosigkeit der ganzen Beschränktheitsfrage fest. In seiner Hinneigung zu den kleinen Größen lag aber nichts von Zufall oder Laune, ganz im Gegenteil, er wußte das "Warum" recht gut; mitunter waren es nur Äußerlichkeiten, und ihn beispielsweise über Nansouty, der eine Kürassier-Division kommandierte, sprechen zu hören, war ein vollkommener Hochgenuß. Nansouty stand dann leibhaftig vor einem. Ich war in diesen Dingen schließlich selber so zu Hause, daß ich hätte soufflieren können. Woher das so kam, davon erzähle ich an andrer Stelle. wenn ich von meines Vaters "sokratischer Methode" spreche.

Vorläufig aber, nach diesem Exkurse, zurück zu den Gesellschaftsabenden selbst, deren zweite Hälfte regelmäßig die Komödie des Neckens und Aufziehens heraufführte. Selbst als Wirt war mein Vater nicht sicher dagegen, eher, daß sich das Necken dabei verdoppelte.

Von einem dieser Abende, der mir noch besonders lebhaft im Gedächtnis ist, weil seiner auch in späteren Jahren noch öfters und in allerhand Einzelheiten gedacht wurde, will ich hier erzählen. Man war schon beim Dessert und sang eben ein Lied, das Konrektor Beda, ein Stiefsohn der in einem früheren Kapitel erwähnten schönen Frau gleichen Namens, nach der Melodie von "O Schill, dein

Säbel tut weh" gedichtet hatte. Meine Mutter und deren Schwester – die Kaffeestunde rückte bereits heran – hatten wie herkömmlich auf dem gelben Moirésofa Platz genommen, ich selber aber war auf gut Glück mit hereingeschlüpft und hielt mich in Nähe von Konsul Thompson, der sich denn auch ein Vergnügen daraus machte, mir zum Ärger meiner Mutter immer neue Massen von Traubenrosinen zuzustecken. Thompson, bequem in allem, sang das Schill-Lied nicht mit, und nur immer, wenn der Refrain kam, fiel er mit aller Macht ein. Am oberen Ende der Tafel aber saß Kommerzienrat Krause und sagte, während er sich, als das Lied schwieg, zu meinem Vater wandte: "Sage mir, lieber Bruder, bei diesem Liede von Schill oder doch nach der Melodie von Schill ist mir mit einem Male wieder ›Bertrands Abschied‹ eingefallen. In welchem Zusammenhange weiß ich nicht und ist auch am Ende gleichgültig; ich möchte nur wissen, ist dieser Bertrand in ›Bertrands Abschied‹ derselbe, der mit auf Sankt Helena war?"

"Gewiß ist es derselbe. Es gibt nur einen. Er war, glaube ich, mit in Saint-Cyr und hatte die schwärmerischste Liebe für Napoleon, noch mehr als General Rapp."

"Das muß wohl so sein, denn ich habe da heute in der Times einen Artikel über die nun Gott sei Dank zurückliegenden Sankt-Helena-Tage gelesen und bei der Gelegenheit, ich muß doch sagen zu meinem Staunen, erfahren, daß Bertrand in zu weitgehender Liebe zu seinem Kaiser diesem seine ihm angetraute Frau zeitweilig abgetreten haben soll, so daß Napoleon gewissermaßen dreimal verheiratet war, Josephine, Marie Luise und Madame Bertrand. Ich kann nur wiederholen, ich find' es etwas übertrieben und möchte wissen, wie du dich zu dieser Sache stellst? Würdest du... meine liebe Freundin wird verzeihen", und er verbeugte sich gegen meine Mutter, "würdest du dich zu einem ähnlichen Akt loyaler Aufopferung entschlossen haben?"

"Unbedingt, wenn ich Bertrand gewesen wäre."

"Das sind Ausflüchte, lieber Bruder. Wenn du Bertrand gewesen wärst! Natürlich. Wie Bertrand darüber dachte, das wissen wir; seine Taten sprechen. Aber ich möchte wissen, wie du dich persönlich dazu verhältst. Mein Bruder Eduard, der den Artikel auch gelesen, sprach von Infamie."

"Das ist zu hart. Alle solche Fragen empfangen in den oberen Regionen eine neue, von dem Gewöhnlichen mehr oder weniger abweichende Beleuchtung; die moralischen Anschauungen verschieben sich infolge davon und werden freier. Ich glaube, daß die Entscheidung bei Madame Bertrand gelegen hat. Wollte sie, so war es nur in der Ordnung, wenn Bertrand selbst im Punkte der Loyalität nicht hinter seiner Frau zurückbleiben wollte. Du darfst auch nicht vergessen, daß der Kaiser über das verfügte, was man Dämonismus nennt. Friedrich der Große hatte das auch; sein Auge zwang den Willen der Menschen."

"Ich glaube, daß du recht hast, und wir müssen am Ende glücklich sein, daß wir nicht in jenen oberen Regionen leben; wir wären sonst vor nichts sicher."

"Sind wir auch nicht. Im absoluten Staat gehört alles dem König; er kann mir nicht bloß meine Frau nehmen, auch meinen Kopf."

"Das hat er schon", unterbrach meine Mutter und stand auf.

Als die Gäste fort waren und die Fenster um frischer Luft willen trotz der miteinströmenden Kälte weit geöffnet wurden, ging mein Vater mit auf dem Rücken zusammengelegten Händen im Zimmer auf und ab. Meine Mutter sah ihm eine Weile zu, dann sagte sie: "Nun, Louis, du gehst ja auf und ab wie ein Sieger. Du bist wohl stolz darauf, daß du, wie Krause sagte, deinem Freunde Napoleon die dritte Frau angetraut hast."

Mein Vater nickte.

"Merkst du denn nichts?" fuhr sie fort, "gar nichts? Einen Tag fragen sie dich nach der Einwohnerzahl von Buxtehude, den andern Tag wollen sie wissen, was mehr sei, das Eichenlaub am roten Adlerorden oder die Schleife. Durchschaust du denn nicht diese Posse?"

Mein Vater nickte wieder.

"Ja, Louis, wenn du das alles durchschaust, dann begreife ich dich nicht, dann weiß ich nicht, warum du ihnen immer wieder den Gefallen tust."

"Weil ich ein artiger Mann bin und guter Wirt."

"Guter Wirt. Nun vielleicht. Aber das ist es nicht. Du hast bloß die grenzenlose Schwäche, deine Geschichten immer wieder anbringen zu wollen, und bist schlimmer als die schlimmsten Anekdotenerzähler, die, wenn man ihnen sagt, ›kenn' ich schon‹, sich nicht stören lassen und ruhig weitersprechen. Ist es nicht so? Hab' ich nicht recht?"

"Ich glaube beinah, daß du recht hast. Aber was tut das? Ein jeder hat sein Steckenpferd, und wir wiederholen uns alle. Nimm mir's nicht übel, du wiederholst dich auch und betonst namentlich vieles..."

"Bitte, nichts davon."

"Außerdem aber nehme ich bei diesen Dingen alles Ernstes *das* für mich in Anspruch, daß ich in einem fort beflissen bin, nützliche Kenntnisse zu verbreiten. Ich bin kein elender Witz- und Wortspieljäger, ich kultiviere Historisches und helfe nach, wo nachzuhelfen ist. Und du wirst nicht bestreiten, daß die Summe historischer Kenntnis, namentlich bei den Studierten, ungemein gering ist. Das mit Bertrand... nun ja, vielleicht hätt' ich anders antworten sollen, denn sie wollten mich vor dir in Verlegenheit bringen. Aber es ist ihnen nicht gelungen."

"Leider nicht. Und das ist das Schlimmste von der Sache."

Elftes Kapitel

Was wir in Haus und Stadt erlebten

Wie wir in unserem Hause lebten, das zu zeigen war Aufgabe der beiden vorigen Kapitel; in diesem wird es sich um Dinge handeln, die wenigstens zunächst nicht durch unser Zutun geschahen, sondern von außen her an uns herantretend, das von uns geführte häusliche Leben nur begleiteten, beziehungsweise modelten. "Was wir in Haus und Stadt *erlebten*" habe ich drum als Überschrift genommen.

Es war des Guten und Nicht-Guten gerade genug.

Im allgemeinen gilt das zwischen dem Sturze Napoleons und dem Tode Friedrich Wilhelms III. liegende Vierteljahrhundert als eine ereignisarme Stagnationsepoche, was, aufs Ganze hin angesehen, auch mehr oder weniger zutreffen mag; gerade das halbe Jahrzehnt aber (1827 bis 32), das ich in Swinemünde verbrachte, brachte, die Stagnation unterbrechend, des Interessanten eine ganze Fülle: die Befreiung Griechenlands, den Russisch-Türkischen Krieg, die Eroberung von Algier, die Juli-Revolution, die Losreißung Belgiens von Holland und die große polnische Insurrektion. Ich werde denn auch weiterhin in einiger Ausführlichkeit zu berichten haben, wie diese fernen Ereignisse die Bewohnerschaft unseres Hauses berührten, vor allem aber mein eigenes junges Herz, das für solche Dinge von früh auf erglühte. Zunächst indessen lass' ich die Staatsaktionen aus dem Spiel und erzähle von dem was sich als Stadtereignis unter unseren Augen zutrug. Allerdings trifft es sich dabei so, daß ich um der Chronologie willen meine beste Karte gleich zuerst ausspielen muß. Es war dies die Geschichte von "Mohr und seiner Frau".

Wer war Mohr?

Kutscher Ehm hatte gleich am Tage nach unserer Ankunft, als wir den ersten Umgang durch unser Haus machten, die Frage gestreift, war aber nicht weit damit gekommen, und erst etliche Wochen später, als ich von ungefähr wieder den Namen "Mohr" hörte, fragte ich Ehm, was es damit sei. Dieser, der nur zu gerne davon sprach, nahm mich auch gleich mit in seine Kammer hinein, und während er sich da an die Häcksellade stellte und zu schneiden begann, saß ich auf einem Schemel neben ihm und hörte seiner Geschichte zu. "Ja", so schloß er (natürlich alles in Plattdeutsch) nach einer Weile, "so war das mit Mohr und seiner Frau. Die sind nu beid' in Prison, und die Frau is krank und verfallen und macht es woll nicht lange mehr, er aber, er is oben auf und der alte Pietzker drüben meint auch, ›ans Leben gingen sie ihm nich‹. Und das is auch richtig und is noch von Anno 6 her. Da war er Soldat im Regiment Möllendorf, und Napoleon, als es bei Jena nich recht weiter wollte, soll da ganz wütend gesagt haben: ›Wer is denn bloß der Kerl da? So was hab' ich ja in meinem ganzen Leben noch nicht gesehn.‹ Und unser König, als er wieder ein bißchen in Ruhe war, hat auch an Mohr'n schreiben lassen, er könne sich eine Gnade ausbitten. Und die Gnade, die hängt noch, die is noch nich 'runter, und deshalb sagt Mohr immer: ›Sie können nich, auch wenn sie wollen; ich habe des Königs Gnade.‹"

Das klang soweit ganz gut, aber was diesen Schlußworten Ehms vorausging, also die eigentliche Geschichte, die klang schlimm und es lief mir dabei kalt über den Rücken. Mohr war ein Mann von Mitte Vierzig, ein guter Lichterschiffer, der zwischen Stettin und Swinemünde fuhr und immer allerhand Kaufmannswaren sich mitbrachte, womit er dann Handel trieb. Er spielte sich auf den alten Soldaten aus, hielt auf Ordnung und Anstand und war groß und stark und wohlgelitten. Und auch gegen seine Frau lag nichts vor. Aber mit einem Male war er doch unter Bilanz oder vielleicht war es auch bloß, daß er seine Habgier nicht bezwingen konnte, kurz und gut, als er in Erfahrung gebracht hatte, die Witwe Lassahn, die mit einer jungen blonden Person am Rathausplatz wohnte, habe hundert Taler in ihrem alten Uhrschrank versteckt, war es beschlossene Sache; die alte Frau mußte sterben und die junge Person mit. Mohrs Frau war mit einverstanden, ja einige sagten, sie sei schuld. Das war wohl so um Fastnachten Anno 26. Mohr kam von Stettin zurück und legte am Bollwerk an, grad gegenüber von dem Olthoffschen Gasthof. Es war schon dunkel. Und so ging er denn zu der Witwe Lassahn und sagte dieser, sie solle nach dem Lichterschiff schicken, da sei seine Frau und warte und werde dem Mädchen den Sack Kaffee geben, den er für sie mitgebracht habe. Das Mädchen ging denn auch. Und nun war er allein mit der Alten.

Mit der war er rasch fertig. Aber bald danach kam die junge blonde Person vom Bollwerk zurück. Was nun geschah, das weiß man bloß aus Mohrs eigener Beichte, wenn er mitunter, von furchtbarer Angst gepackt, nach dem Geistlichen rief oder nach Justizrat Kirstein, dem er alles sagen wolle. So stark er war, er hätte sie nicht bezwungen, wenn ihm seine Frau nicht zur Hilfe gekommen wäre: das war so der Hauptinhalt der Geschichte. Ich kenne auch die Einzelheiten, aber ich erzähle sie nicht. Nur soviel hier: sie geben ein furchtbar anschauliches Bild von der Macht und Kraft der Verzweiflung. Alle sollten sich das in allen Lebenslagen gesagt sein lassen, auch im Leben der Völker. An Verborgenbleiben oder an Ablenken auf andere war nicht zu denken, und eh' ein Tag um war, waren Mohr und Frau in Fesseln. Darüber waren nun beinah anderthalb Jahre vergangen, und noch immer schwebte die Sache. Sonderbarerweise kann ich mich nicht entsinnen, damals unter einem besonderen Angstgefühle gestanden zu haben, auch nicht einmal, als ich eines Tages schon bei Dunkelwerden an dem mit Eisentraillen versehenen Rathausgefängnis vorüberging und die Straßenjungen mir zuriefen: "Kuck, da sitzt Mohr." Aus dieser meiner vergleichsweisen Ruhe wurde ich erst aufgestört, als es an einem Sonnabend, ich glaube es war im Frühjahr 28, hieß: "Heute sind sie gekommen." Die, die gekommen sein sollten, waren der Scharfrichter und seine Knechte. Es hatte auch seine Richtigkeit damit, wovon ich mich bald selbst überzeugen sollte. Jeden Nachmittag machten wir, mein Bruder und ich, einen Spaziergang an dem schon in den Dünen gelegenen Kirchhof vorüber, auf den Strand zu. So auch an jenem Sonnabend. Der Kirchhof lag bereits hinter uns, und das Meer, wenn der Weg etwas anstieg, blitzte schon hier und da vor uns auf, als wir plötzlich einer Anzahl von Leuten ansichtig wurden, die links ab vom Wege in einer von Strandhafer überwachten Dünenschlucht ein sonderbares Gerüst aufschlugen, nicht viel größer als ein großer Tisch. Sie klopften gerade große Nägel, mit Eisenringen daran, in die Bretter des Podiums, darauf außerdem noch Holzklötze standen, ein halbes Dutzend oder ein paar mehr. Die Leute aber, die dabei beschäftigt waren, waren nicht Zimmerleute, sondern die, von denen es hieß, "daß sie gekommen seien". Sie ließen sich nicht stören, und wir unsererseits, nachdem wir das unheimliche Bild uns eingeprägt, gingen rasch weiter auf den Strand zu, wo der Blick aufs Meer uns wieder frei machte.

Gegen Dunkelstunde waren wir auf einem Umwege wieder in unserer Wohnung zurück; aber da wurde nicht viel von dem, was bevorstand, gesprochen, und erst am Abend erfuhren wir, daß mein Papa mit dabeisein werde und das Kommando habe. Richtig, es war so. Als großer, stattlicher Mann und 1813er war er ausersehen, an der Spitze der bewaffneten Bürgerschaft zu marschieren und draußen vor Beginn der Exekution das Schafott mit seinen Leuten kreisförmig zu umstellen.

Als der Montag da war, ich hatte die ganze Nacht nicht geschlafen, sah ich denn auch meinen Vater in Pontifikalibus. Er hatte einen Hut mit einer Feder auf und trug einen kolossalen Schleppsäbel, dessen blanke Messingscheide mir noch in diesem Augenblicke vor Augen steht. Die Freiwilligenbüchse, die keine Büchse war, hatte ihren verstaubten Platz zwischen den Flurschränken nicht verlassen, denn als Offizier war es sein Recht und seine Pflicht, nur den Säbel zu führen. Wir Kinder schlichen uns bis in die Nähe des Rathausplatzes, von wo aus der Zug sich alsbald in Bewegung setzte, erst eine Abteilung Schützengilde, dann die Schleife mit den beiden Verurteilten, rechts und links von ein paar der besten Schützen begleitet, abschließend dann die gesamte bewaffnete Bürgerschaft. Die Stadt war wie ausgestorben, alles draußen oder im Gefolge. Wie die letzten außer Sicht waren, zogen wir uns in unser Haus zurück. Einige befreundete Damen begleiteten meine Mutter, die, merkwürdig ruhig war; sie fand alles, was vorging, nur in der Ordnung, Aug um Auge, Zahn um Zahn, und ließ den Damen, die mit bei uns eingetreten waren, ein Glas Portwein reichen. Dann sprach sie von ganz andern Dingen; sie wollte falsche Sentimentalität nicht aufkommen lassen und hatte recht wie immer.

Inzwischen gingen die Dinge draußen ihren Gang. Mit der Frau ging es rasch. Dann kam Mohr an die Reihe. Man legte ihn auf die Klötze – denn die vorzunehmende Prozedur war die des Räderns, – und schob ihm dann einen zur Schleife geschlungenen Strick rasch um den Hals, der nun, durch die Ringe hindurch, von zwei Seiten her fest angezogen werden sollte. Das war, damit er fester liege; aber eigentlich war es, um der Qual ein rascheres Ende zu machen; ein sehr zu billigendes Verfahren. Im selben Momente jedoch, wo die Knechte, die es gut meinten, den Strick scharf anzogen, riß dieser von der dabei angewandten Gewalt, und Mohr, der bis zum letzten Augenblicke den unsinnigen Glauben an seine Begnadigung "noch von Jena her" festgehalten hatte, richtete sich auf, fixierte den neben ihm stehenden Scharfrichter und sagte mit einem grausigen Freudenausdruck im Auge: "Wat wird nu aus Muhr'n?" Er hatte nicht lange zu warten. Eine neue, sich um seinen Hals legende Strickschleife war die Antwort auf seine Frage.

Gegen elf waren alle von der Exekution zurück, mein Vater in sichtlicher Erregung, aber diese doch auch wieder gedämpft durch das Gefühl der verantwortlichen Kommandorolle, die sein Teil bei der Sache gewesen war. Er erzählte den Hergang ziemlich ruhig, nur mit besonderer Betonung einzelner französischer Wörter wie Massacre, Sangfroid, pitoyable, zu denen er immer griff, wenn er etwas scharf markieren wollte. Mir war zu Mut, als ob wenigstens ein Unwetter heraufziehen oder eine Sonnenfinsternis stattfinden müsse; es kam aber nichts derart, und in verhältnismäßig kurzer Zeit – was mit dem langen Schweben des Prozesses zusammenhängen mochte – war alles vergessen.

Indessen bei dem geringsten Anstoß, und der kam öfter als mir lieb war, war die Sache doch wieder da. Das Mohrsche Ehepaar hatte einen Sohn hinterlassen, einen schwarzen, etwas sonderbaren Jungen in meinem Alter, der wie ein Igel aussah, so standen ihm die kurzen starren Haare vom Kopf ab. Er merkte auch, daß ich ihm nach Möglichkeit aus dem Wege ging, aber er war mir darum nicht gram, denn er hatte bei den Begegnungen doch wohl herausgefühlt, daß sich in mein Entsetzen die Teilnahme über sein Geschick einmischte.

Schließlich war ich wohl nur noch der einzige, der sich mit der Sache, wenigstens vorübergehend, beschäftigte. Und das kam so. Jahrelang hatte das kleine Staketenzaunhaus, drin der Mord geschehen war, leer gestanden, und die Blumen in dem halb verwilderten Vorgarten blühten für niemanden. Da, im Sommer 30, als ich bei untergehender Sonne mit meinem Papa vom Seebade zurückkam und bei der Gelegenheit auch den Rathausplatz und das Staketenzaunhaus passierte, sah ich mit einem Male, daß die bis dahin geschlossenen grünen Jalousien aufgemacht und die kleinen Fenster des Wohnzimmers geöffnet waren. An einem derselben aber saß ein Gerichts-Aktuarius, ein fideler Herr, den ich sehr gut kannte, und blätterte, während er Tabakswolken in die Luft blies, in einem vor ihm liegenden Aktenbündel. Er saß so, daß er eine gelbe Malvenstaude links und eine rote rechts hatte. Das Ganze war ein Bild äußersten Behagens. Ich wies darauf hin und sagte zu meinem Vater: "Das ist ja gerade die Stube..." – "Ja, das ist die Stube", wiederholte er, "mein Geschmack wär' es auch nicht." Aber mit dieser kurzen Bemerkung war es abgetan, und ich empfand an jenem Tage zum ersten Male, was ich seitdem so oft empfunden habe, daß es mit den Schreckensdingen eine eigene Bewandtnis hat, gerade so wie mit der Einwirkung von Sturm und Unwetter auf uns. Einige können bei Sturm nicht schlafen, andere aber schlafen dann am besten und wickeln sich mit einem ganz besonderen Behagen in ihre Decke.

Mein Vater, als wir vom Rathausplatze samt seinem seine Pfeife schmauchenden Aktuarius wieder nach Hause kamen, erzählte natürlich von meinem Entsetzen über das wieder bewohnte Haus. Alle lachten mich aus, besonders die Dienstleute, und die gute Schröder sagte: "Das fehlte auch noch, daß solch Kerl wie Mohr arme Leute um ihre Miete bringt." Ich mußte mir den Spott gefallen lassen, und mein Vater, der guten Schröder zustimmend, sprach von Weichlichkeit und Schwäche. Trotzdem traf es sich so, daß dasselbe Jahr noch mir und meinem Angstgefühle zu einer Art Rechtfertigung verhalf, und zwar war es mein Papa selber, den die längst abgetane Geschichte, sehr gegen seinen Willen, doch wieder gepackt haben mußte.

Der November hatte mit einem richtigen Nordwester eingesetzt, und was nicht hinaus mußte, saß am warmen Ofen. Mein Vater aber, der sich sagen mochte, daß sein Schimmel, der überhaupt immer über sein Tun und Lassen entschied, schon seit einer halben Woche nicht aus dem Stall gekommen sei, setzte sich in den Sattel und ritt auf den Strand zu. Spätnachmittag war es stiller geworden, und die Mondsichel stand schon blaß zwischen zerrissenem Gewölk, als er, die Dünen passierend, plötzlich in unmittelbarste Nähe der Stelle kam, wo sie "Mohr und seine Frau" eingescharrt hatten. Und jetzt sah er auch, dicht neben sich, den kleinen Schlängelpfad, der auf die Stelle zuführte. Da mit einem Male wollte der Schimmel nicht weiter, bog nach rechts hinaus und prustete und schäumte so, daß es die größte Mühe kostete, an der Stelle vorbeizukommen. "Ich wette, der Schimmel hat gewußt, da liegt Mohr; oder er hatte wenigstens die Witterung." Meine Mutter aber lachte: "Wenn sich doch alles so leicht erklären ließe. *Du* hast dich geängstigt, und als das Tier deine Angst merkte, da kam es auch in Angst. Ich glaube nicht an Spuk; aber eh' ich glaube, daß sich dein Schimmel um Mohr und seine Frau kümmert, da glaub' ich doch noch eher an den alten Geisler oben."

Die Schlußworte waren scherzhaft gemeint; ich nahm sie aber sehr ernsthaft und hörte nur heraus, daß es mit dem alten Geisler doch auch etwas auf sich haben müsse. Trotzdem konnt' ich nicht davon lassen, mich immer wieder an die Stelle zwischen Ofen und Schrank zu setzen, von der es hieß, da sei er gestorben.

Die Geschichte mit Mohr blieb für mich das große Stadtereignis, und nur einzelnes, bei dem die Elemente eine Rolle spielten, prägte sich mir mit ähnlicher Lebendigkeit ein. Ein paar Vorkommnisse der Art will ich erzählen.

Es war ein sehr heißer Sommer, ich glaube 29 oder 30, und soweit sich's ermöglichte, waren wir im Freien oder machten auch wohl Partien. Unter diesen war auch eine nach der Oberförsterei Pudagla, der, wie schon erwähnt, zu jener Zeit der Oberförster Schröder, ein Bruder unserer Mamsell Schröder, vorstand, ein vorzüglicher Herr, gütig, gewissenhaft, gastlich. Und eines Sonntags fuhren wir da hinaus: meine Mutter und ich und noch zwei jüngere Geschwister. Die Schröder blieb zu Haus, ich weiß nicht weshalb, ebenso mein Vater, der nicht dabeisein konnte, weil er "Wache" hatte. "Wache haben" war ein terminus technicus und hieß so viel, wie, statt des Gehilfen, der seinen "freien Sonntag" hatte, das Geschäftliche persönlich übernehmen, also statt seiner auf "Wache zu ziehn". Mein Vater fand dies immer etwas "inferior" für einen Mann von seinen Qualitäten, jedenfalls aber sehr langweilig, weshalb er nie unterließ, sich für die Nachmittags- und Abendstunden eine Spielpartie einzuladen. Da zu dieser, wenn irgend möglich, auch die beiden Doktoren der Stadt gehörten, so war er auf diese Weise ziemlich sicher, vor Mixturenmischen und ähnlichem bewahrt zu bleiben. Solche Einladung an zwei, drei Freunde war auch an dem hier zu schildernden Tage ergangen, wir aber fuhren in aller Frühe schon auf die Oberförsterei zu, denn es war ein weiter Weg, erst Ahlbeck, dann Heringsdorf, dann Gothen und zuletzt Pudagla selbst, das in einem weiten Bezirk kostbarer alter Buchen lag. Nach dem Strand hin, in einiger Entfernung, erhob sich der Streckelberg, der höchste Berg dieser Gegenden, zu dessen Füßen Vineta gelegen haben soll. Um zehn waren wir draußen, frühstückten und bewunderten zunächst ein junges Reh, das man in einem Abschlag des großen Gemüsegartens eingehegt hatte. Dann gingen wir zu Tisch. Gegen vier Uhr, so war das Nachmittagsprogramm, wollten wir in den Wald und dort Kaffee trinken. Es war inzwischen aber so heiß geworden, daß wir den Schatten des Hauses vorzogen und uns in Flur und Küche vergnügten, bis wir aus des Oberförsters Munde hörten, daß ein schweres Gewitter im Anzuge sei. "Dann wollen wir eilen", sagte meine Mutter, "wir fahren gute drei Stunden, bei Dunkelwerden vielleicht noch länger, und mein Mann wird in Unruhe sein, weil er weiß, daß die Kinder sich ängstigen." Ob sie dies alles glaubte, denn mein Papa ängstigte sich wenig um uns, weiß ich nicht. Der gute Oberförster aber gab nach, und um sechs Uhr fuhr der Wagen vor. Ich kam vorn zu dem Kutscher, einen Strauß mit Erdbeeren in der Hand, der mich zunächst tröstete. "Viel vor neun kommt es nicht herauf" waren des Oberförsters letzte Worte gewesen, und er schien auch rechtbehalten zu sollen. Wir litten zunächst wenig von der Schwüle, bis wir, nach fast anderthalbstündiger Fahrt am Strand hin, in den Wald einbogen. Es war zwischen Gothen und Heringsdorf. Und nun änderte sich die Situation sehr schnell, denn kaum, daß wir unter den Bäumen waren, so fuhr auch schon ein heller Blitz durch das Dunkel. Von Donner hörten wir nichts.

In der Tat, es war zunächst nur Wetterleuchten, aber von solcher Intensität, daß der Wald wie in Feuer stand. Die Pferde wurden immer unruhiger, und als wir bis an die ersten Häuser von Ahlbeck gekommen waren, wandte sich der Kutscher in den Fond des Wagens hinein und fragte, ob wir nicht vor dem Dorfkrug halten und das Wetter abwarten wollten. Aber meine Mutter, in der ihr eigenen Resolutheit, wollte davon nichts wissen. "Nur zu." Und so ging es denn weiter. Zunächst zwischen den Häusern und Hütten hin, und dann wieder in den jenseits des Dorfes sich fortsetzenden Wald hinein. Das Wetter hielt sich noch immer, und erst als wir wieder im Freien und schon in der Nähe des zwischen den Dünen gelegenen, mehrerwähnten Kirchhofs waren, hörten wir ein dumpfes Rollen und sahen, wie sich etliche vereinzelt umherstehende Kiefern im Winde zu beugen begannen. Es war sicher, das Losbrechen war nur noch eine Frage von Minuten. "Vorwärts." Aber die Pferde konnten kaum noch, und immer langsamer mahlte der Wagen in dem tiefen Sande. Trotzdem schien alles gut für uns ablaufen zu sollen, das Unwetter gab uns erneuert eine Frist, und als wir unser Haus und die Kirche schon in Sicht hatten, war noch kein Tropfen Regen gefallen. Im selben Augenblick jedoch, wo wir hielten, gab es Blitz und Schlag zugleich, so mächtig, daß wir erschreckt in unsere Sitze zurückfielen; es mußte ganz in der Nähe eingeschlagen haben, und wolkenbruchartig stürzte der Regen auf uns nieder.

In der Gehilfenstube, soviel sahen wir wohl, war Licht, aber niemand kam, um uns behilflich zu sein, und zu rufen oder mit der Peitsche zu knipsen, konnte bei dem Wetter, das tobte, nicht viel helfen. Ich sprang also vom Bock und half meiner Mutter und den Geschwistern, so gut es ging, aber trotzdem, als wir kaum zwei Minuten später in den dunklen Hausflur eintraten, waren wir total durchnäßt und stapften auf den Fliesen umher, um den Regen abzuschütteln. Aus der Küche kam jetzt eins der Mädchen, einen Blaker in der Hand. "Gott, Madame..." Aber unser in seine Whistpartie vertiefter Vater erschien noch immer nicht und wurde erst sichtbar, als meine Mutter, die mit einem Male klar in der Sache sah, die zur Gehilfenstube führende Tür hastig aufriß und mit nicht mißzuverstehender Ausgesprochenheit hineinrief: "Guten Abend, Louis; wir sind da."

"Nun, das ist ja gut; eben muß es eingeschlagen haben."

Und während er diese Betrachtungen anstellte, legte er die letzten Trumpfkarten auf den Tisch und sagte: "Drei Trick, macht einen Rubber von sieben; Doktor, Sie geben."

An Begrüßung war nicht zu denken, und meine Mutter zog sich empört in ihre Stube zurück.

Und nun sollten wir zu Bett gebracht werden; ich bat aber, aufbleiben zu dürfen, was mir auch gewährt wurde. Das Gewitter – eins von den ganz schweren, wie sie sich auf Inseln einstellen, wo der einschließende Wassergürtel sie festhält – nahm inzwischen seinen Fortgang. Mich fröstelte, und ich wußte nicht recht, wo ich hin sollte. Da stahl ich mich unbemerkt wieder nach vorn in die Stube, wo die vier Whistspieler noch immer saßen und dann und wann in ihrer Spielerregung so scharf auf die Tischkante schlugen, daß die Glasmanschetten auf den Messingleuchtern schwirrten und klirrten. Die Lichter waren schon fast niedergebrannt. "Ich denke noch einen Rubber." Und dabei fuhr mein Vater mit dem Daumen über die Seitenwand der wieder zusammengerafften Karten. "Nimm ab, Werkenthin." Ein greller Schein leuchtete durch die Ritze der Fensterladen, und mir war, als müsse der Blitz zwischen die Spieler fahren. Das Wetter war aber schon im Schwinden, und ich ging in meine Kammer, wo meine Geschwister bereits schliefen. Was eine halbe Stunde später drüben auf der andern Seite des Flurs zur Sprache kam, lag mir zum Glück außer Hörweite.

Wenn ich nicht irre, war es in demselben Jahre, daß die Herbsttage mit starkem Sturm einsetzten, und als wir Kinder eines Abends auf Schemeln und Fußbänken in der Küche saßen, um uns an dem großen Herdfeuer zu wärmen, erschien mit einem Male mein Vater und sagte: "Nun wird es Ernst; der Wind steht gerade auf die Molen, und kein Tropfen Wasser kann heraus. Bleibt es so, so können wir morgen Kahn fahren, oder vielleicht sitzen wir auch auf dem Dach." Er glaubte es alles selber nicht recht; aber etwas, was vom Alltäglichen abwich, in Sicht zu stellen, war ihm ein besonderes Vergnügen, und wir Kinder waren, wenigstens in diesem Stück, alle so sehr nach ihm geartet, daß wir ihm Dank dafür wußten und unsere Mutter nicht begriffen, die von solcher Phantasiebelastung nie was wissen wollte.

"Können wir untergehen?" fragte ich.

"Ja, mein lieber Junge, wer will so was sagen. Möglich ist alles. Übrigens ist es ein Glück, daß unsere Küste den Alluvialcharakter hat, kein ewiges Rumoren in der Erde, nichts Feuerspeiendes. Andere Gegenden sind schlimmer daran. In Caracas, einer südamerikanischen Stadt, deren Einwohnerzahl nicht genau feststeht, hat neulich eine Welle eine französische Brigg gepackt und von der Reede her auf den großen Marktplatz der Stadt gestellt. Und dann zog sich die Welle wieder zurück und ließ die Brigg genau da, wo sie stand, so daß die Bewohner von Caracas hinaufsteigen und den französischen Kapitän besuchen konnten. Das ist aber nur, weil da alles vulkanisch ist; gerade da, wo das Schiff vor Anker lag, ging es los, eine sogenannte Eruption." Er sprach dann noch eine Weile so weiter und hinterließ uns in einem sehr aufgeregten Zustande. Dann und wann, wenn ein Windstoß kam, fielen große Stücke Ruß aus dem Rauchfang auf den Herd, und wenn dann die glimmenden Scheite aufflackerten und auseinanderflogen, fuhren wir zusammen, und ich meinerseits dachte: "Wenn es hier doch vielleicht vulkanisch wäre!"

Wie die Nacht verging, weiß ich nicht mehr, aber das weiß ich, daß wir am andern Tage sehr enttäuscht am Frühstückstische saßen. Der Wind, ein richtiger Nordwester, war ganz nach Westen herumgegangen, die Stauung hatte aufgehört, und das Wasser im Strom stand nicht viel höher als gewöhnlich. Es blieb uns also nichts anderes übrig, als unsere Mappen zu packen und unsern Schulgang ganz alltäglich zu Fuß anzutreten, während wir doch mit Sicherheit darauf gerechnet hatten, in einem Boot in die Schule fahren und unterwegs bei Bäcker Woltermann unsere Frühstücksbrötchen kaufen zu können. Ein kleiner romantischer Hang saß uns allen tief im Geblüt und blieb uns auch für manches weitere Jahr. 1848, wo wir Kinder doch alle schon erwachsen waren, kriegten wir noch einmal einen starken Anfall von dieser Lust am Abenteuerlichen. Wir lebten damals im Oderbruch und verfolgten die durch die Märztage auch in der Provinz Posen heraufbeschworenen Vorgänge. Eines Tages hieß es: "Die Polen kommen; sie stehen schon südlich von Küstrin und wollen auf Berlin zu, um mit dem Berliner Volk zu fraternisieren." Ich hielt es eigentlich für Unsinn, trotzdem regte mich die Nachricht angenehm auf, meine Geschwister noch viel mehr, und alle Stunden gingen wir auf die höchstgelegene Bodenstube, um von dort aus Ausschau zu halten. Als es zuletzt hieß: "Sie kommen *nicht*", waren wir eigentlich traurig; Confederatka, rote Schärpe, Übungsversuche im Französischen, all das wäre doch mal was anderes gewesen.

Ach Gott, wie einem die Tage
Langweilig hier vergehn;
Nur wenn sie einen begraben,
Bekommen wir was zu sehn...

Es liegt eine furchtbare Wahrheit in der Einsamkeits- und Verlassenheitsstimmung dieser Heineschen Strophe. Wir wenigstens waren damals ihrer Wahrheit untertan.

Zwei Jahre später, Anfang Januar 32, hatten wir wieder ein am Strom spielendes Ereignis. Aber diesmal war es keine Sturmflut, sondern ein kleines Eisabenteuer. Die Tage nach Weihnachten waren ungewöhnlich milde gewesen, und das Eis, das schon Anfang Dezember das Haff überdeckt hatte, hatte sich wieder gelöst und trieb in großen Schollen, die übrigens den Bootverkehr nach der Insel Wollin hinüber nicht hinderten, flußabwärts dem Meere zu. Silvester war wie herkömmlich gefeiert worden, und für den zweiten Januar stand ein neues Vergnügen in Sicht, von dem ich mir ganz besonders viel versprach: mein Freund Wilhelm Krause, der schon als Schüler und Pensionär des bekannten Direktors v. Klöden die Gewerbeschule besuchte, mußte am dritten Januar wieder in Berlin sein, und seitens seines Vaters, des Kommerzienrats, war mit einigen Freunden verabredet worden, dem liebenswürdigen Jungen bis nach dem jenseitigen Ufer hinüber, von wo dann die Fahrpost ging, das Geleit zu geben. In einem sichren Eisboote wollte man, zwischen den Schollen hindurch, die Partie machen, alles in allem acht Personen: erst zwei Bootsleute, dann der Kommerzienrat und sein Sohn, dann Konsul Thompson und Sohn und schließlich mein Vater und ich. Ich freute mich ganz ungeheuer darauf. Einmal weil es was Apartes war und nicht minder, weil eine glänzende Verpflegung in Aussicht stand.

Es verlautete nämlich, daß drüben im Fährhause gefrühstückt und wir drei Jungens mit Eierpunsch und holländischen Waffeln regaliert werden sollten. Ich nahm mir vor, weil mir dies männlicher erschien, mich ausschließlich an den Eierpunsch zu halten, blieb aber später nicht auf der Höhe dieses Entschlusses. Um neun sollte das Boot von "Krausens Klapp" abgehen. Wir waren auch alle pünktlich da, nur das Boot nicht, und als wir eine Weile gewartet, erfuhren wir, wovon uns übrigens der Augenschein bereits überzeugt hatte, daß der über Nacht eingetretene starke Frost die Schollen zum Stehen gebracht und die kleinen Wasserläufe dazwischen mit Eis überdeckt habe. Das hätte nun nichts auf sich gehabt; im Gegenteil, wenn nur die Eisdecke um einen Zoll dicker gewesen wäre; sie war aber sehr dünn, und so standen wir vor der Erwägung, ob ein Überschreiten des Flusses überhaupt möglich sei. Der Kommerzienrat, dem daran lag, keine Schulversäumnis eintreten zu lassen, war entschieden für das kleine Wagnis, und als die in langen Pelzjacken dastehenden Bootsleute dies erst sahen, meinten sie sofort auch ihrerseits, "es werde schon gehen, und wenn was passiere, so wäre es auch so schlimm nicht... ein bißchen naßkalt..." – "Ja, Kinder", sagte Thompson, "wie denkt ihr euch das eigentlich? Das heißt doch so viel wie 'reinfallen, und da hat man seinen Schlag weg, man weiß nicht wie. Oder die Eisscholle schneidet einem den Kopf ab."

"Ih, Herr Konsul, so schlimm wird es ja woll nich kommen."

"Ja, so schlimm wird es ja woll nicht kommen... das klingt ganz gut, aber daraus kann ich mir keinen Trost nehmen. Oskar..." und dabei nahm er seinen Jungen bei der Schulter, "wir zwei bleiben hier; Onkel Krause ist ein Windhund, der kann es riskieren. Und du, Bruder, wie steht es mit dir?"

Diese Schlußworte richteten sich an meinen Vater, der ohne weiteres erklärte, Thompson habe recht. In diesem Augenblick aber traf ihn ein so wehmütiger Blick aus meinen Augen, daß er ins Lachen kam und hinzusetzte: "Nun gut, wenn der Kommerzienrat dich mitnehmen will, meinetwegen... ich bin der Schwerste von euch allen... und von Verpflichtung kann keine Rede sein, eher das Gegenteil..." Und bei diesem Entscheide blieb es. Einer der Bootsleute, mit einem acht oder zehn Fuß langen Brett auf der Schulter und einem Tau um den Leib, ging vorauf, an dem nachschleifenden Tauende aber hielt sich der Kommerzienrat mit der Linken, während er seinen Jungen an der andern Hand führte; gleich dahinter folgte der zweite Bootsmann, ähnlich ausgerüstet, aber statt des Taues mit einer Eispicke, daran ich mich hielt. So ging es los. Es war zauberhaft und wohl eigentlich nicht sehr gefährlich. Die beiden Bootsleute waren immer vorauf und erfüllten mich mit dem angenehmen Gefühl, "wenn die überfrorne Stelle den Bootsmann getragen hat, *dich* trägt sie gewiß." Und das war richtig. Freilich kamen Stellen, wo der Strom so stark ging, daß nicht einmal Schülbereis das Wasser bedeckte, aber solche freie Strömung war immer nur zwischen zwei verhältnismäßig naheliegenden Eisschollen, so daß das Brett, das der Bootsmann trug, vollkommen ausreichte, einen Übergang von einer Scholle zur anderen zu schaffen. War er drüben, so reichte er mir die lange Pikenstange oder richtiger hielt die Stange so, daß sie mir als ein Geländer diente. Kurzum, ich empfand nur so viel von Gefahr, wie nötig war, um den ganzen Vorgang auf seine höchste Genußhöhe zu heben, und als ich, nach dem Frühstück drüben, wieder glücklich zurück war, betrat ich das Bollwerk wie ein junger Sieger und schritt in gehobener Stimmung auf unser Haus zu, wo meine Mutter, die von einem sehr erregten Gespräch zu kommen schien, schon im Flur stand und mich erwartete. Sie küßte mich mit besonderer Zärtlichkeit, dabei immer vorwurfsvoll nach dem Vater hinübersehend, und fragte mich, ob ich noch etwas wolle.

"Nein", sagte ich, "es gab Eierpunsch und Waffeln, und ich wollte auch welche für die Geschwister mitbringen; aber mit einem Male gab es keine mehr."

"Ich weiß schon. Du bist deines Vaters Sohn."

"Da hat er ganz gut gewählt", sagte mein Vater.

"Meinst du das wirklich, Louis?"

"Nicht so ganz. Es war nur eine façon de parler."

"Wie immer."

Zwölftes Kapitel
Was wir in der Welt erlebten

Das waren so die Dinge, die uns die Stadt erleben ließ, aber auch was *draußen* in der Welt geschah, war für uns da, nicht zum wenigsten für mich. Ich hatte von früh an einen Sinn für die politischen Vorgänge, wie sie mir unsere Zeitung vermittelte. Bis zu meinem zehnten Jahre freilich blieb mir diese Lektüre, wenn nicht absichtlich, so doch tatsächlich vorenthalten, was denn zur Folge hatte, daß mir die geschichtlichen Ereignisse der zwanziger Jahre: die Freiheitskämpfe der Griechen, samt dem sich anschließenden Russisch-Türkischen Kriege, lediglich durch eine Jahrmarktsschaubude zur Kenntnis kamen. Alle diese augenblendenden, immer wieder in Gelb und Rot und nur ganz ausnahmsweise (wenn es Russen waren) in Grün auftretenden Guckkastenbilder taten aber, trotz aller ihrer Gröblichkeit und Trivialität, oder vielleicht auch um dieser willen, ihre volle Schuldigkeit an mir und prägten sich mir derart ein, daß ich über die Personen, Schlachten und Heldentaten jener Epoche besser als die Mehrzahl meiner Mitlebenden unterrichtet zu sein glaube. Griechische Brander steckten die türkische Flotte in Brand, das Bombardement von Janina (mit einer platzenden Riesenbombe im Vordergrund), Marco Bozzaris in Missolunghi, General Diebitsch Sabalkanskis Einzug in Adrianopel, die Schlacht bei Navarino – all das steht in einer Deutlichkeit vor mir, als wär ich mit dabeigewesen und läßt es mich nicht bedauern, meine früheste zeitgeschichtliche Belehrung aus einem Guckkasten erhalten zu haben.

Von Sommer 1830 an trat aber die Zeitung an die Stelle des durch Beleuchtungskünste verschönten und vergrößerten Gustav Kühnschen Bilderbogens, und ich sehe mich noch am Bollwerk stehen und auf das Anlegen der "Kronprinzessin Elisabeth", des von Stettin kommenden Dampfers, warten, der täglich die Zeitungen mitbrachte. Mein Vater war natürlich auch mit an der Landungsbrücke, meist in Gesellschaft von Freunden. Waren es nun Freunde von der "milderen Observanz", das heißt solche, von denen keiner nach dem in ziemlicher Nähe gelegenen Spielpavillon hinüberlugte, so unterließ er's nicht, sich sofort in die Neuigkeiten zu versenken. Waren aber umgekehrt etliche von den entschlosseneren Freunden zugegen, also von denen, deren Gedanken in derselben Richtung gingen wie die seinigen, so tat er nur einen flüchtigen Blick in die Zeitung und übergab mir dann diese, mit der ich in fliegender Eile nach Hause stürmte. Der Gehilfe, den wir damals hatten, war mein guter Freund und brannte auf Neuigkeiten nicht viel weniger als ich, ja, hätte am liebsten gleich selbst gelesen. Es war aber immer Mittagstunde, wo ziemlich viel zu tun für ihn war, und so fiel mir denn nicht bloß die Wonne des Lesens, sondern sogar die des Vorlesens zu. Hinter dem Rezeptiertische, wo man sieh vor Enge kaum drehen konnte, war doch noch nahe dem Fenster ein freier Winkel geblieben, in dem ein eingesessener Binsenstuhl gerade Platz hatte. Da ließ ich mich nun nieder, während ich die Füße zugleich auf einen etwas vorgezogenen Kasten stemmte; von außen her aber, wo die dichtbelaubten Kastanien standen, fielen die Lichter und Schatten auf das aufgeschlagene Blatt. Und nun begann die Lektüre, die sich, durch den ganzen Sommer hin, fast ausschließlich auf das unter der Überschrift " *Frankreich*" Stehende beschränkte. Polignacs Ordonnanzen interessierten mich wenig. Als dann aber die französische Flotte unter Admiral Duperré vor Algier erschien und die Beschießung anhob und dann General Berthézène mit seiner Division den Kirchhof in Nähe der Stadt angriff und nahm und der Dey mit seinem Harem um freien Abzug bat, da kannte mein Entzücken keine Grenze, das auch nicht voll mehr erreicht wurde, als ich hörte, daß Karl X. gestürzt und Louis Philipp König geworden sei. Von großem Eindruck auf mich war erst wieder die Nachricht, daß in Brüssel bei Aufführung der "Stummen von Portici" die Revolution ausgebrochen sei, und zwar gerade bei der Stelle "dem Meer-Tyrannen gilt die wilde Jagd"; ich fand dies unbeschreiblich schön, vielleicht in der dunklen, für eine Poetennatur immerhin schmeichelhaften Vorstellung, daß hier ein Lied eine politische Tat geweckt oder gezeitigt habe.

Das war der Sommer 30. Aber was war der Sommer gegen den Winter! Ende November brach in Nachwirkung der Ereignisse in Frankreich und Belgien die Insurrektion in Polen aus. Großfürst Konstantin wurde flüchtig, und nachdem man auf beiden Seiten gerüstet, kam es zu Beginn des folgenden Jahres zu den blutigen Schlachten bei Grochow und Ostrolenka. Die Namen von damals prägten sich mir so tief in die Seele, daß ich, als ich ein Menschenalter später in den zufällig mir zu Händen kommenden Briefen der Rahel Levin den Namen Skrzynecki und Rybinski begegnete, wie auf einen Schlag den Insurrektionskrieg von 30 und 31, einen der erbittertsten, die je ausgefochten wurden, wieder vor Augen hatte. Kein anderer Krieg, unsere eigenen nicht ausgeschlossen, hat von meiner

Phantasie je wieder so Besitz genommen wie diese Polenkämpfe, und die Gedichte, die an jene Zeit anknüpfen (obenan die von Lenau und Julius Mosen) und dazu die Lieder aus Holteis "Altem Feldherrn" sind mir bis diese Stunde geblieben, trotzdem die letztren poetisch nicht hoch stehen. Viele Jahre danach, als ich dicht am Alexanderplatz eine kleine Parterrewohnung innehatte, stellte sich allwöchentlich einmal ein Musikantenehepaar vor meinem Fenster auf, er blind, mit einer Klapptuba, sie, schwindsüchtig, mit einer Harfe. Und nun spielten sie: "Fordere niemand mein Schicksal zu hören" oder "Denkst du daran, mein tapferer Lagienka". Ich schickte ihnen dann ihren Obolus hinaus und ließ sie's noch einmal spielen und noch jetzt, ich muß es wiederholen, zieht, wenn ich die Lieder höre, die alte Zeit vor mir herauf, und ich verfalle in eine unbezwingbare Rührung.

Ich erzähle das so ausführlich, weil ich – in gewissem Sinne zu meinem Leidwesen und jedenfalls in einem Widerstreit zu den poetischen Empfindungen, die mich damals beherrschten und auch noch jetzt beherrschen – die Bemerkung daran knüpfen muß, daß ich vielfach nur mit geteiltem Herzen auf Seite der Polen stand und überhaupt, aller meiner Freiheitsliebe unerachtet, jederzeit ein gewisses Engagement zugunsten der geordneten Gewalten, auch die russische nicht ausgeschlossen, in mir verspürt habe. Freiheitskämpfe haben einen eigenen Zauber, und ich danke Gott, daß die Geschichte deren in Fülle zu verzeichnen hat. Was wäre aus der Welt geworden, wenn es nicht zu allen Zeiten tapfere, herrliche Menschen gegeben hätte, die, mit Schiller zu sprechen, "in den Himmel greifen und ihre ewigen Rechte von den Sternen herunterholen". So hat denn alles Einsetzen von Gut und Blut, von Leib und Leben zunächst meine herzlichsten Sympathien, obenan die Kämpfe der Niederländer, neuerdings die Garibaldischen.

Aber noch einmal, es läuft, mir selber verwunderlich, ein entgegengesetztes Gefühl daneben her, und solange die Revolutionskämpfe des sicheren Sieges entbehren, begleite ich all diese Auflehnungen nicht bloß mit Mißtrauen (zu welchem meist nur zu viel Grund vorhanden ist), sondern auch mit einer größeren oder geringeren, ich will nicht sagen in meinem Rechts-, aber doch in meinem Ordnungsgefühle begründeten Mißbilligung. Ein Zwergensieg gegen Riesen verwirrt mich und erscheint mir insoweit ungehörig, als er gegen den natürlichen Lauf der Dinge verstößt. Ich kann es nicht leiden, daß ein alter Schäfer eine Kur ausführt, die Dieffenbach oder Langenbeck nicht zustande bringen konnten. Jeder hat ein ihm zuständiges Maß, demgemäß er siegen oder unterliegen muß, und in diesem Sinne blicke ich auch auf sich gegenüberstehende Streitkräfte. Ich verlange von dreihunderttausend Mann, daß sie mit dreißigtausend Mann schnell fertig werden, und wenn die dreißigtausend trotzdem siegen, so finde ich das zwar heldenmäßig, und wenn sie für Freiheit, Land und Glauben einstanden, außerdem auch noch höchst wünschenswert, kann aber doch über die Vorstellung nicht weg, daß es eigentlich nicht stimmt. Ich habe nichts dagegen, dies mich stark beherrschende Gefühl, das mich mehr als einmal von der meine Sympathie fordernden Seite auf die schlechtere Seite hinübergeschoben hat, als philiströs oder subaltern oder meinetwegen selbst als moralisches Manko gekennzeichnet zu sehen; es kommt mir nicht auf die Feststellung dessen an, was hier zu loben oder zu tadeln ist, sondern lediglich auf Aufklärung über einen bestimmten inneren Vorgang und demnächst darüber, ob sich solche Gefühlsvorgänge, sie seien nun richtig oder falsch, auch wohl sonst noch in einer auf freies Empfinden Anspruch machenden Seele vorfinden mögen .

Ein Jahr lang dauerte der polnische Insurrektionskrieg, während welcher Zeit ich mich zu einem kleinen Politiker herangelesen hatte. Namentlich in Herzählung der alle vier Wochen im Oberkommando wechselnden polnischen Generale kam mir niemand gleich, was natürlich für meine Bescheidenheit nicht sehr förderlich war. Doch stand es wohl nicht allzu schlimm damit; in all meiner Eitelkeit war ich doch immer zunächst bei der Sache.

Herbst 31 sah sich die Revolution besiegt; aber ein neuer schlimmerer Feind war inzwischen heraufgestiegen und näherte sich von Osten her unseren Grenzen: die Cholera. Vorbereitungen zur Abwehr derselben wurden getroffen, natürlich (wie immer) auch bewitzelt, und als der alte Geheimrat Rust Absperrungsmaßregeln vorschlug, erschien eine Berliner Karikatur, die den alten Rust, bei vollkommenster Porträtähnlichkeit, als Sperling (aber mit einem doppelten r geschrieben) darstellte. Darunter stand: "Passer Rusticus, der gemeine Landsperrling." Indessen, es half zu nichts; es blieb bei der Absperrung, und auch nach Swinemünde hin wurde Militär detachiert, um dort einen Kordon zu ziehen. Im Sommer eben genannten Jahres (1831), an einem glühend heißen Tage, traf ein Bataillon vom Kaiser-Franz-Regiment bei uns ein. Die Grenadiere hatten von Wollin her einen viermeiligen Marsch durch sandige Kiefernheide machen müssen und kamen ziemlich marschmüde an, trotzdem sie sich während der Bootfahrt von einem Flußufer zum andern wieder erholt hatten. Wir Jungens standen am Bollwerk und staunten die schönen großen Leute an, an die zunächst Quartierbilletts verteilt wurden. Mein Freund Oskar Thompson und ich hatten uns etwas vorgedrängt und studierten die Achselklappen.

"Hast du es 'raus?" fragte ich.

"Ja", sagte Thompson, "es ist ein ›R‹ und heißt Rex."

"Unsinn. Du mußt doch wissen *Kaiser* Franz. Kaiser und Rex geht nicht."

"Na, dann sage was Besseres."

"Es heißt Franciscus Imperator. Es ist ein ›F‹ und ein ›I‹..."

"Nein, mein junger Freund", sagte jetzt, sich rasch umwendend, der die Kompanie führende Hauptmann, ein sehr gütig aussehender Herr mit goldener Brille; "es ist kein ›I‹, sondern eine römische I, und es heißt: Franz der Erste."

Mir schoß das Blut in die Stirn, und ich zog mich, unsicher ob ich ihm vielleicht danken müsse, verlegen zurück. Gleich danach aber sah ich, wie der Hauptmann einen jungen Offizier, der kaum zwanzig sein mochte, heranrief und mit diesem ein paar Worte wechselte. Dieser junge Offizier wurde bald der Liebling aller Damen und ein Gegenstand ihrer lebhaften Neugier. Er hieß von Witzleben und war der Sohn des Obersten von Witzleben, der, damals in Dresden wohnend, unter dem Namen A. W. Tromlitz seine im Walter-Scott-Stil gehaltenen Romane schrieb. Er (Tromlitz) war als Schriftsteller sehr gefeiert, mehr, als wir uns das heute denken können, sein Sohn aber wurde später mein besonderer Gönner, eine Gönnerschaft, der er in dem von ihm redigierten Militär-Wochenblatt in anerkennenden Worten über meine die Kriege von 1864, 66 und 70 behandelnden Bücher Ausdruck gab. Er ist darin, als Militär, einzig dastehend geblieben, weil die militärischen Fachleute gegen die Schreibereien eines "Pequin" ein für allemal eingenommen sind. Ob sie darin recht haben? Ich glaube nicht, wenigstens nicht ganz. Alle diese Dinge liegen mir jetzt weit zurück, und der Wert oder Unwert dessen, was ich damals über unsere Kriege geschrieben habe, bedeutet mir nicht viel mehr. Ich darf auch hinzufügen, daß ich auf jedem Gebiete für Autoritäten bin, also was so ziemlich dasselbe sagen will, das Urteil von Fachleuten bevorzuge.

Trotzdem können auch Fachleute zu weit gehen, wenn sie Verständnis für ihre Sache für sich ausschließlich in Anspruch nehmen. Es gibt konventikelnde Leineweber, die die Predigt eines Oberkonsistorialrats sehr wohl beurteilen können, und es gab immer Farbenreiber, die sich sehr gut auf Bilder verstanden. In neuerer Zeit sind Auktionskommissarien an ihre Stelle getreten. Es liegt auf militärischem Gebiete nicht viel anders, wenn es überhaupt anders liegt, dessen sind die Revolutionskämpfe, die seit hundert Jahren geführt werden, ein beredter Zeuge. Heute noch Kellner oder Friseur und nach Jahr und Tag ein Schlachtenlenker. Und was in praxi hundertfältig geleistet wird, das kann doch auch auf theoretischem Gebiete nicht zu den Unmöglichkeiten zählen. Ich nenne hier einschaltend nur den Namen Bernhardi. Gewiß, die Laienschaft hat sich zunächst zu bescheiden; aber sie darf doch gelegentlich mitsprechen, ja selbst Vorzüge für sich in Anspruch nehmen: größere Freiheit und unbefangeneres Inrechnungstellen außermilitärischer Faktoren, vor allem der sogenannten Imponderabilien. Im letzten ist Kriegsgeschichtsschreibung doch nichts anderes als Geschichtsschreibung überhaupt und unterliegt denselben Gesetzen. Wie verläuft es? Ein reiches Material tritt an einen heran, und es gilt unter dem Gegebenen eine Wahl zu treffen, ein "Für oder Wider", ein "Ja oder Nein" auszusprechen. Auch die Darstellung des Kriegshistorischen ist zu sehr wesentlichem Teile Sache literarischer und nicht bloß militärischer Kritik. Ordnen und aufbauen können ist wichtiger als ein reicheres Wissens- und Erkenntnismaß, und alles in allem kann ich nicht einsehen, warum es leichter sein soll, über den Charakter Wallensteins als über den Gang der Schlacht bei Großbeeren ins klare zu kommen.

Mein Gönner von Witzleben – er war zuletzt General – hat sich's natürlich nicht träumen lassen, daß mich sein Wohlwollen zu solchen Betrachtungen hinreißen würde; vielleicht wär' er sonst ein wenig härter mit mir verfahren. Aber so oder so, ich kehre zunächst zum Jahre 31 und zu dem Bataillon vom Franz-Regiment zurück, das damals "um Kordon zu ziehen und die Quarantäne zu sichern", in Swinemünde einzog. Das Bataillon blieb nicht lange, wahrscheinlich weil man sich von der Nutzlosigkeit solcher Kordons überzeugt hatte; statt seiner aber erschien nun eine Batterie oder Halbbatterie schweren Geschützes, bronzene Zwölfpfünder, von denen zwei auf die Molenköpfe geschafft und dort so gestellt wurden, daß sie den Hafeneingang bestrichen. Aber auch diese Zwölfpfünder kriegten nichts zu tun; sie standen da bis ins nächste Frühjahr hinein, wo dann Befehl kam, sie nach Stettin hin zurückzuziehen. Ehe dieser Befehl aber ausgeführt werden konnte, nahm der Kommandierende Veranlassung zu einer Dankesbezeugung für die Gastfreundschaft, die die Swinemünder gegen ihn und seine Offiziere geübt hatten. Er erließ Einladungen an die Honoratioren, sich auf der diesseitigen Mole zu versammeln, um dort einem von ihm zu veranstaltenden Schießversuche beizuwohnen. Auch mein Vater war draußen und hatte mich mitgenommen, weil er sehen wollte, welchen Eindruck das Schauspiel auf mich machen würde.

Die Luft war feucht und der Himmel grau. Alles fröstelte. Wir fanden, daß es etwas lange daure, denn die schräg vor uns stehende Sonne neigte sich schon dem Horizonte zu. Da plötzlich große Bewegung... ein donnernder Knall, und im nächsten Augenblicke brachen alle Versammelten in ein staunendes "Ah" aus. Es war nämlich ein Ricochette-Schießen, was im Prinzip etwa dasselbe bedeutet wie das "Butterstullenwerfen" auf einem Teich. Die mächtige Kugel setzte in Entfernung von 300 oder 500 Schritt zum erstenmal auf und trieb eine Wassersäule, ganz nach Art eines Springbrunnenstrahls in die Luft; dann folgte ein zweites und drittes Aufsetzen, bis die Wassersäulen immer kleiner wurden und schließlich die Kugel versank. Ich hätte stundenlang dem entzückenden Schauspiele zusehen können. Aber es währte nur kurze Zeit. Als der Sonnenball über dem Wasser hing, war alles vorbei und man trat den Heimweg nach der Stadt an, wo den Offizieren und allen anderen, die mit draußen gewesen waren, bei Konsul Thompson ein Abschiedssouper gegeben wurde. Viele Reden wurden gehalten, unter Ausdruck der Freude, daß die Cholera, so fatal sie sei, so liebe Gäste gebracht habe. Zuletzt sprach auch mein Vater und bemerkte in seiner launigen, wenn auch vielleicht anfechtbaren Weise: "Was draußen auf der Mole die Kanone, das sei drinnen in seiner Stadtapotheke der große Salzsäureballon gewesen, unter dessen Heranziehung er jeden Augenblick imstande gewesen wäre das bedrohte Swinemünde unter Chlor zu setzen." Meine Mutter – wie denn fast alle Frauen an den Reden ihrer Männer Anstoß nehmen – war wenig erbaut von diesem Toaste; besonders mißfielen ihr die chemisch-pharmazeutischen Anspielungen. Sie freute sich zwar immer, wenn das Geschäft blühte, hielt aber im übrigen nicht viel vom Metier.

Dreizehntes Kapitel

Wie wir in die Schule gingen und lernten

Als wir Johanni 27 in dem Hause mit dem Riesendach und der hölzernen Dachrinne, darin mein Vater bequem seine Hand legen konnte, glücklich untergebracht waren, meldete sich alsbald auch die Frage: "Was wird nun aus den Kindern? In welche Schule schicken wir sie?" Wäre meine Mutter schon mit zur Stelle gewesen, so hätte sich wahrscheinlich ein Ausweg gefunden, der, wenn nicht aufs Lernen, so doch auf das "Standesgemäße" die gebührende Rücksicht genommen hätte. Da meine Mama jedoch, wie schon erzählt, einer Nervenkur halber in Berlin zurückgeblieben war, so lag die Entscheidung bei meinem Vater, der schnell mit der Sache fertig war und sich in einem seiner Selbstgespräche mutmaßlich dahin resolvierte, "die Stadt hat nur *eine* Schule, die Stadtschule, und da diese Stadtschule die einzige ist, so ist sie auch die beste." Gesagt, getan; und ehe eine Woche um war, war ich Schüler der Stadtschule. Nur wenig ist mir davon in Erinnerung geblieben: eine große Stube mit einer schwarzen Tafel, stickige Luft trotz immer offenstehender Fenster und zahllose Jungens in Fries- und Leinwandjacken, ungekämmt und barfüßig oder aber in Holzpantoffeln, die einen furchtbaren Lärm machten. Es war sehr traurig. Ich verknüpfte jedoch damals, wie leider auch später noch, mit "in die Schule gehen" so wenig angenehme Vorstellungen, daß mir der vorgeschilderte Zustand, als ich seine Bekanntschaft machte, nicht als etwas besonders Schreckliches erschien. Ich ging eben davon aus, daß das so sein müsse. Als aber, gegen den Herbst hin, meine Mutter eintraf und mich mit den Holzpantoffeljungens aus der Schule kommen sah, war sie außer sich und warf einen ängstlichen Blick auf meine Locken, denen sie, in dieser Gesellschaft, nicht mehr recht trauen mochte. Sie hatte dann eines ihrer energischen Zwiegespräche mit meinem Vater, dem wahrscheinlich gesagt wurde, "er habe mal wieder bloß an sich gedacht", und denselben Tag noch erfolgte meine Abmeldung bei dem uns schräg gegenüber wohnenden Rektor Beda. Dieser nahm die Abmeldung nicht übel, erklärte vielmehr meiner Mutter, "er habe sich eigentlich gewundert..." All das war nun so weit ganz gut; berechtigte Kritik war geübt und ihr gemäß verfahren worden, aber als es nun galt, etwas Besseres an die Stelle zu setzen, wußte auch meine Mutter nicht aus noch ein. Lehrkräfte schienen zu fehlen oder fehlten wirklich, und da sich, bei der Kürze der Zeit, noch keine Beziehungen zu den guten Familien der Stadt ermöglicht hatten, so wurde beschlossen, mich vorläufig wild aufwachsen zu lassen und ruhig zu warten, bis sich etwas fände. Um mich aber vor Rückfall in dunkelste Nacht zu bewahren, sollte ich täglich eine Stunde bei meiner Mutter lesen und bei meinem Vater einige lateinische und französische Vokabeln lernen, dazu Geographie und Geschichte.

"Wirst du das auch können, Louis?" hatte meine Mutter gefragt.

"Können? Was heißt können! Natürlich kann ich es. Immer das alte Mißtrauen."

"Es ist noch keine vierundzwanzig Stunden, daß du selber voller Zweifel warst."

"Da werd' ich wohl keine Lust gehabt haben. Aber, wenn es drauf ankommt, ich verstehe die Pharmacopöa borussica so gut wie jeder andere, und in meiner Eltern Haus wurde französisch gesprochen. Und das andere, davon zu sprechen wäre lächerlich. Du weißt, daß ich da zehn Studierte in den Sack stecke."

Und wirklich, es kam zu solchen Stunden, die sich, wie schon hier erwähnt werden mag, auch noch fortsetzten, als eine Benötigung dazu nicht mehr vorlag, und so sonderbar diese Stunden waren, so hab' ich doch mehr dabei gelernt als bei manchem berühmten Lehrer. Mein Vater griff ganz willkürlich Dinge heraus, die er von lange her auswendig wußte oder vielleicht auch erst am selben Tage gelesen hatte, dabei das Geographische mit dem Historischen verquickend, natürlich immer so, daß seine bevorzugten Themata schließlich dabei zu ihrem Rechte kamen. Etwa so.

"Du kennst Ost- und Westpreußen?"

"Ja, Papa; das ist das Land, wonach Preußen Preußen heißt und wonach wir alle Preußen heißen."

"Sehr gut, sehr gut; ein bißchen viel Preußen, aber das schadet nichts. Und du kennst auch die Hauptstädte beider Provinzen?"

"Ja, Papa; Königsberg und Danzig."

"Sehr gut. In Danzig bin ich selber gewesen und beinahe auch in Königsberg – bloß es kam was dazwischen. Und hast du mal gehört, wer Danzig nach tapferer Verteidigung durch unseren General Kalkreuth doch schließlich eroberte?"

"Nein, Papa."

"Nun, es ist auch nicht zu verlangen; es wissen es nur wenige, und die sogenannten höher Gebildeten wissen es nie. Das war nämlich der General Lefèvre, ein Mann von besonderer Bravour, den Napoleon dann auch zum Duc de Dantzic ernannte, mit einem c hinten. Darin unterscheiden sich die Sprachen. Das alles war im Jahre 1807."

"Also nach der Schlacht bei Jena?"

"Ja, so kann man sagen; aber doch nur in dem Sinne, wie man sagen kann, es war nach dem Siebenjährigen Krieg."

"Versteh' ich nicht, Papa."

"Tut auch nichts. Es soll heißen, Jena lag schon zu weit zurück; es würde sich aber sagen lassen: es war nach der Schlacht bei Preußisch-Eylau, eine furchtbar blutige Schlacht, wo die russische Garde beinahe vernichtet wurde, und wo Napoleon, ehe er sich niederlegte, zu seinem Liebling Duroc sagte: ›Duroc, heute habe ich die sechste europäische Großmacht kennengelernt, la boue.‹"

"Was heißt das?"

"La boue heißt der Schmutz. Aber man kann auch noch einen stärkeren deutschen Ausdruck nehmen, und ich glaube fast, daß Napoleon, der, wenn er wollte, etwas Zynisches hatte, diesen stärkeren Ausdruck eigentlich gemeint hat."

"Was ist zynisch?"

"Zynisch... ja, zynisch... es ist ein oft gebrauchtes Wort, und ich möchte sagen, zynisch ist soviel wie roh oder brutal. Es wird aber wohl noch genauer zu bestimmen sein. Wir wollen nachher im Konversations-Lexikon nachschlagen. Es ist gut, über dergleichen unterrichtet zu sein, aber man braucht nicht alles gleich auf der Stelle zu wissen."

So verliefen die Geographiestunden, immer mit geschichtlichen Anekdoten abschließend. Am liebsten jedoch fing er gleich mit dem Historischen an oder doch mit dem, was ihm Historie schien. Ich muß dabei noch einmal, aber nun auch wirklich zum letzten Male seiner ausgesprochenen Vorliebe für alle Ereignisse samt den dazu gehörigen Personen, die zwischen der Belagerung von Toulon und der Gefangenschaft auf St. Helena lagen, Erwähnung tun. Auf diese Personen und Dinge griff er immer wieder zurück. Seine Lieblinge hab' ich schon in einem früheren Kapitel genannt, obenan Ney und Lannes, aber einen, der seinem Herzen vielleicht noch näher stand, hab' ich doch bei jener ersten Aufzählung zu nennen vergessen, und dieser eine war Latour d'Auvergne, von dem er mir schon in unseren Ruppiner Tagen allerlei Geschichten erzählt hatte. Das wiederholte sich jetzt. Latour d'Auvergne, so hieß es in diesen seinen Erzählungen, habe den Titel geführt: "Le premier grenadier de France oder erster Grenadier von Frankreich" als welcher er, trotzdem er Generalsrang gehabt, immer in Reih und Glied, und zwar unmittelbar neben dem rechten Flügelmann der alten Garde gestanden habe. Als er dann aber in dem Treffen bei Neuburg gefallen sei, habe Napoleon angeordnet, daß das Herz des "Ersten Grenadiers" in eine Urne getan und bei der Truppe mitgeführt, sein Name Latour d'Auvergne aber bei jedem Appell immer aufs neue mit aufgerufen werde, wobei dann der jedesmalige Flügelmann Order gehabt habe, statt des "Ersten Grenadiers" zu antworten und Auskunft zu geben, wo er sei. Das war ungefähr das, was ich von meinem Vater her längst auswendig wußte; seine Vorliebe für diese Gestalt aber war so groß, daß er, wenn's irgend ging, immer wieder auf diese zurückkam und dieselben Fragen tat. Oder richtiger noch, immer wieder dieselbe Szene inszenierte. Denn es war eine Szene.

"Kennst du Latour d'Auvergne?" so begann er dann in der Regel.

"Gewiß. Er war le premier grenadier de France."

"Gut. Und weißt du auch, wie man ihn ehrte, als er schon tot war?"

"Gewiß."

"Dann sage mir, wie es war."

"Ja, dann mußt du aber erst aufstehen, Papa, und Flügelmann sein; sonst geht es nicht."

Und nun stand er auch wirklich von seinem Sofaplatz auf und stellte sich als Flügelmann der alten Garde militärisch vor mich hin, während ich selbst, Knirps der ich war, die Rolle des appellabnehmenden Offiziers spielte. Und nun aufrufend begann ich:

"Latour d'Auvergne!"

"Il n'est pas ici", antwortete mein Vater in tiefstem Baß.

"Où est-il donc?"

"Il est mort sur le champ d'honneur."

Es kam vor, daß meine Mutter diesen eigenartigen Unterrichtstunden beiwohnte – nur das mit Latour d'Auvergne wagten wir nicht in ihrer Gegenwart – und bei der Gelegenheit durch ihr Mienenspiel zu verstehen gab, daß sie diese ganze Form des Unterrichts, die mein Vater mit einem unnachahmlichen Gesichtsausdruck seine "sokratische Methode" nannte, höchst zweifelhaft finde. Sie hatte aber in ihrer in diesem Stück und auch sonst noch ganz konventionellen Natur total unrecht, denn um es noch einmal zu sagen, ich verdanke diesen Unterrichtsstunden, wie den daran anknüpfenden gleichartigen Gesprächen, eigentlich alles Beste, jedenfalls alles Brauchbarste, was ich weiß. Von dem, was mir mein Vater beizubringen verstand, ist mir nichts verloren gegangen und auch nichts unnütz für mich gewesen. Nicht bloß gesellschaftlich sind mir in einem langen Leben diese Geschichten hundertfach zugute gekommen, auch bei meinen Schreibereien waren sie mir immer wie ein Schatzkästlein zur Hand, und wenn ich gefragt würde, welchem Lehrer ich mich so recht eigentlich zu Dank verpflichtet fühle, so würde ich antworten müssen: meinem Vater, meinem Vater, der sozusagen gar nichts wußte, mich aber mit dem aus Zeitungen und Journalen aufgepickten und über alle möglichen Themata sich verbreitenden Anekdotenreichtum unendlich viel mehr unterstützt hat als alle meine Gymnasial- und Realschullehrer zusammengenommen. Was *die* mir geboten, auch wenn es gut war, ist so ziemlich wieder von mir abgefallen; die Geschichten von Ney und Rapp aber sind mir bis in diese Stunde geblieben.

Diese, so sehr ich mich ihr verpflichtet fühle, doch immerhin etwas sonderbare väterliche Lehrmethode, der alles Konsequente und Logische fehlte, würde, da meine Mutter nur eben die Schwächen und nicht die Vorzüge derselben erkannte, sehr wahrscheinlich zu heftigen Streitigkeiten zwischen den beiden Eltern geführt haben, wenn meine kritikübende Mama dem Ganzen überhaupt eine tiefere Bedeutung beigelegt hätte. Das war aber nicht der Fall. Sie fand nur, daß meines Vaters Lehrart etwas vom Üblichen völlig Abweichendes sei, wobei nicht viel Reelles, das heißt nicht viel Examenfähiges herauskommen würde, worin sie auch vollkommen recht hatte. Da ihr selber aber alles Wissen sehr wenig galt, so belächelte sie zwar die "sokratische Methode", sah aber keinen Grund, sich ernsthaft darüber zu ereifern. Es kam ihrer aufrichtigsten Überzeugung nach im Leben auf ganz andere Dinge an als auf Wissen oder gar Gelehrsamkeit, und diese anderen Dinge hießen: gutes Aussehen und gute Manieren. Daß ihre Kinder sämtlich gut aussähen, war eine Art Glaubensartikel bei ihr, und daß sie gute Manieren entweder schon hätten oder sich aneignen würden, betrachtete sie als eine natürliche Folge des guten Aussehens. Es kam also nur darauf an, sich vorteilhaft zu präsentieren. Ernste Studien erschienen ihr nicht als Mittel, sondern umgekehrt als Hindernis zum Glück, zu *wirklichem*Glück, das sie von Besitz und Vermögen als unzertrennlich ansah. Ein Hunderttausendtalermann war etwas, und sie hatte Respekt und selbst Ehren für ihn, während ihr Gerichtspräsidenten und Konsistorialräte nur wenig imponierten und ihr noch weniger imponierend erschienen wären, wenn nicht im Hintergrunde das von ihr respektierte "Staatliche" gestanden hätte. Sie war unfähig, sich vor einer sogenannten geistigen Autorität in gutem Glauben zu beugen, nicht weil sie von sich selbst eine hohe Meinung gehabt hätte (sie war im Gegenteil völlig ohne Eitelkeit und Einbildungen), sondern nur weil sie, wie sie nun mal war, auf dem praktischen Gebiete des Lebens – und die *nicht* praktischen Gebiete kamen für sie gar nicht in Betracht – eine Macht des Wissens oder gar der Gelehrsamkeit nicht anerkennen konnte.

Ich erinnere mich noch der Zeit, wo seitens beider Eltern, etwa 20 Jahre nach dem hier Erzählten, eine Trennung, eventuell Ehescheidung geplant wurde. Die Trennung erfolgte dann auch wirklich, die Ehescheidung unterblieb. Aber diese letztere wurde doch vorübergehend ganz ernsthaft erwogen, und ein Freund unseres Hauses, der damalige bethanische Geistliche, Pastor Schultz, dessen Spezialität Ehescheidungsfragen waren (es war die Zeit unter Friedrich Wilhelm IV., wo man solche Dinge mit frisch auflebender dogmatischer Strenge behandelte) – Pastor Schultz, sag' ich, lehnte sich, als er von dem Plane hörte, mit aller Kraft und Beredsamkeit dagegen auf. Meine Mutter hielt sehr viel auf ihn und kannte zudem das Ansehen, dessen er sich "bis hoch hinauf" erfreute, "bis hoch hinauf", was für sie Bedeutung hatte; nichtsdestoweniger machten seine strengen Auseinandersetzungen nicht den geringsten Eindruck auf sie, so wenig, daß sie, als er schwieg, mit superiorer Seelenruhe sagte: "Lieber Schultz, Sie verstehen diese Frage gründlich; aber ob ich ein Recht darauf habe, mich scheiden zu lassen oder nicht, diese Frage kann in der ganzen Welt kein Mensch so gut beantworten wie ich selber." Und damit brach sie ab. Ähnlich ungläubig stand sie jeder Autorität gegenüber. Sie war voll Mißtrauen in die Leistungsfähigkeit aller drei Fakultäten und bezweifelte – patriarchalische Zustände waren ihr Ideal -, daß die Menschen beispielsweise was Reelles von der Juristerei hätten. Alles gehe, so meinte sie, nach Gunst oder Vorteil oder im besten Fall nach Schablone. Reich sein, Besitz (am liebsten Landbesitz), alles womöglich unterstützt von den Allüren eines Gesandtschafts-Attachés – das war etwas, das schloß Welt und Herzen auf, das war eine wirkliche Macht; das andere war Komödie, Schein, eine Seifenblase, die jeden Augenblick platzen konnte. Und dann war nichts da. Man wird begreifen, daß bei dieser Anschauung meine Mutter zwar darauf hielt, mich aus der Barfüßlerschule herauszubringen, im übrigen aber in einem Interim, ohne regelmäßigen Schulunterricht, kein besonderes Unglück sah. Es war gegen die Ordnung, das war das Schlimme daran. Im übrigen, das bißchen Lernen, das war jeden Augenblick wieder einzubringen. Und wenn nicht, nicht.

Zu diesem Wiedereinbringen schien sich endlich Gelegenheit bieten zu sollen, als es Ende März 1828 hieß, Kommerzienrat Krause werde gleich nach Ostern einen Hauslehrer ins Haus nehmen und einige andere Honoratiorenkinder an dem seinen eigenen Kindern zu erteilenden Unterricht teilnehmen lassen. So war es denn auch. Es machte aber, außer meinen Eltern, keiner von dieser freundlichen Bereitwilligkeit Gebrauch, und als zwischen den beiden Familien alles verabredet und geordnet war, erschien ich bei Beginn des Unterrichts mit einer Seehundsfell-Mappe, drin drei Schreibebücher und ein Kinderfreund steckten, in der Schulstube des Krauseschen Hauses. Das Krausesche Haus, von dem ich im Kapitel 8 bereits ausführlicher gesprochen, war mir damals schon wohlbekannt, aber in *den* Teil des Hauses, der zunächst das Schulzimmer und rechts und links daneben zwei für den Hauslehrer eingerichtete Mansardenstuben enthielt, war ich noch nie gekommen. Ich empfing auch hier wieder sofort den freundlichsten Eindruck, indessen so freundlich derselbe war, so war doch keine Zeit, mich mußevoll umzutun, denn der Lehrer saß schon auf seinem kurulischen Stuhl, einem großen Sessel in Gartenstuhlformat, die zwei jüngeren Krauseschen Kinder neben sich, mein Freund Wilhelm ihm gegenüber . Neben diesem war noch ein Stuhl frei; der war für mich. Ich ging aber, so war ich instruiert, zuvörderst auf den Lehrer zu um diesem die Hand zu geben. Er rückte denn auch, war er doch ohnehin kurzsichtig, seinen Sessel ein wenig herum, um mich besser sehen zu können. "Nun, das ist recht, daß du da bist. Setze dich da drüben neben deinen Freund. Und nun wollen wir mit einer Leseprobe beginnen. Ihr habt alle den Kinderfreund, und der soll auch bleiben. Aber heute möcht' ich doch, daß wir zuerst die Bibel nehmen; ihr habt doch die Bibel?" Wir bestätigten, und er seinerseits fuhr fort: "Ich denke, wir fangen mit dem Anfang an: ›Im Anfang schuf Gott Himmel und Erde.‹ Für die zwei Kleinen ist es noch zu schwer, aber ihr beiden Großen könnt euch darin teilen."

Wir lasen denn auch das Kapitel so ziemlich zu seiner Zufriedenheit, und als wir durch waren, sagte er: "Nun will ich noch ein paar Fragen tun und mir allerlei von euch erzählen lassen, ob ihr schon in Stettin wart oder in Rügen und ob ihr schon schwimmen könnt und Schlittschuh laufen und ob ihr wißt, wo Vineta gelegen hat. Ihr kennt doch Vineta?"

Wir sagten ihm, was ihn erheiterte, daß wir zu Boot über die Stelle hingefahren wären. Und dann fragte er, welche Spiele wir spielten und ob wir's verständen, einen Drachen steigen zu lassen. Aber wir müßten ihn auch selber machen können. Es lag ihm offenbar daran, uns durch leicht zu beantwortende Fragen sowohl mit Vertrauen zu ihm wie zu uns selbst zu erfüllen. Es mochten so anderthalb Stunden vergangen sein, dann sagte er: "Nun ist es genug für heute; morgen wollen wir aber volle Zeit halten. Ich habe schon einen Stundenplan gemacht, und du mußt ihn dir abschreiben." Diese Worte richteten sich an mich. Ich erhielt dann noch die Bestellung an meine Eltern, daß er am Nachmittage kommen würde, seinen Besuch zu machen, worauf ich nach Hause stürmte, um zu erzählen, wie mir's gegangen sei. Meine Mutter war etwas überrascht, während mein Vater sagte: "Gefällt mir alles sehr; nur nicht gleich scharf zufassen. Immer peu à peu. Nicht quälen, nicht einschüchtern. Vertrauen wecken und Liebe. Und daß er euch gleich frei gegeben hat! Das ist das, was ich einen richtigen Pädagogen nenne. Ferien sind etwas Dummes; ich habe nie gewußt, was ich in den Ferien machen sollte; aber Freistunden à la bonne heure. Und daß er euch immer gefragt hat und sich gleich hat von Drachensteigen erzählen lassen! Er hat offenbar die sokratische Methode."

Die hatte er nun freilich nicht; aber in allem, was mein Vater sonst noch zum Lobe des Hauslehrers gesagt hatte, hatte er recht. Dr. Lau, so hieß der neue Hauslehrer, war ein vorzüglicher Pädagog, weil er ein vorzüglicher Mensch war, und wenn ich oben gesagt habe, daß ich eigentlich alles den Anekdoten meines Vaters zu verdanken hätte, so muß ich doch den guten Dr. Lau ausnehmen. Dieser verstand es auch, einem allerlei kleine Geschichten, woran eine Kinderseele hängt, zu vermitteln, aber weil er zugleich ein geschulter Mann war, so tat er das alles in Ordnung und Zusammenhang, und das bißchen Rückgrat, was mein Wissen hat, verdank' ich ihm.

Dr. Lau war ein Priegnitzer. Er mochte damals, als er ins Krausesche Haus kam, gegen dreißig sein, sah aber älter aus, was wohl damit zusammenhing, daß er zu jenen disproportionierten Leuten gehörte, bei denen Linien und Maße nicht recht stimmen. Man suchte sofort nach einem Buckel, trotzdem dieser eigentlich nicht existierte oder doch nur ganz embryonisch. Dafür war aber etwas anderes da: der bekannte große Kopf mit eindringlichem Gesicht und Leberteint, wozu sich dicht neben dem rechten Auge auch noch eine sogenannte "Himbeere" von apart dunklem Farbenton gesellte. Den Schluß machte eine große Brille mit Silberfassung, die er, wenn er etwas genau sehen wollte, jedesmal abnahm und putzte. Das Ganze von Schönheit weit entfernt. Dennoch darf man sagen, daß er auch äußerlich einen guten Eindruck machte, weil man ihm Wohlwollen, Humor und Idealismus von der Stirn herunterlesen konnte. Solche Menschen gibt es nicht mehr oder doch kaum noch. Sie waren das Produkt einer armen, aber zugleich geistig strebsamen Zeit. In kleinen Verhältnissen geboren, hatten sie sich mit Notgroschen und Stipendien durchgeschlagen und unter Bitternissen und Demütigungen aller Art doch keinen Augenblick den Mut verloren. Ich kann mir diesen ihren Zustand, aus meiner eigenen Vergangenheit heraus, sehr wohl konstruieren. Als ich, zwischen sechzehn und zwanzig, Lehrling in einer Berliner Apotheke war, noch dazu an der Ecke der Haidereuter Gasse, lag mir unter anderen Unliebsamkeiten auch die Verpflichtung ob, jeden Sonnabend einen in einem hölzernen dorischen Tempel aufgebauten Teil der Apotheke, der den lächerlichen Namen corpus chemicum führte, mit einem großen nassen Handtuche wieder sauber putzen zu müssen.

Eine vollkommene Waschfrauenarbeit. Aber es störte mich sehr wenig, weil es sich nicht selten so traf, daß gerad' an diesen Sonnabenden irgendeine Ballade von mir, sagen wir "Pizarros Tod" oder "Simson im Tempel der Philister", in dem damals in der Adlerstraße erscheinenden "Berliner Figaro" gestanden hatte. Und daß ich mir nun sagen durfte, dieser "Simson im Tempel der Philister" rührt von *dir* her, trägt *deinen* Namen, gab mir ein so kolossales Selbstbewußtsein, daß nicht bloß das corpus chemicum, sondern mit ihm auch die ganze Prinzipalität samt allen Provisoren und Gehilfen als etwas tief Inferiores unter mir verschwand. Ich nehme an, so stand es auch mit Dr. Lau, der in dem Bewußtsein, "ich bin ein Schüler von Schleiermacher und besitze nicht nur den West-östlichen Diwan, sondern kann ihn sogar auswendig", über alle Misere des Lebens weggekommen war und allem Anscheine nach auch jetzt, wieder nach seinem Eintreffen in Swinemünde – dessen "Konsuln" ihm, als einem guten Liviuskenner, schwerlich imponierten – ein innerlich freies und glückliches Leben führte. Die Konsuln ihrerseits lachten natürlich auch über Dr. Lau und hielten ihn für eine komische Null.

So war seine Stellung zu den Stadtgrößen. Anders stand er in dem Krauseschen Hause, dem er jetzt angehörte. Da war er geliebt und geschätzt und antwortete darauf mit Hingebung und Treue. Wir liebten ihn außerordentlich und sahen in ihm etwas in jeder Hinsicht Ausgezeichnetes. Daß er uns, weil er seinem Herzen nicht Gewalt antun mochte, dann und wann Gedichte aus dem West-östlichen Diwan, der seine Spezialität war, vorlas, war gewiß anfechtbar; aber daß er sich dadurch lächerlich gemacht hätte, davon konnte keine Rede sein. Im Gegenteil. Diese Vorlesungen, von denen wir natürlich kein Wort verstanden, waren uns nur die Besieglung alles dessen, was wir an diesem kleinen Manne mit dem buntkattunenen, immer die Brille putzenden Taschentuche bewunderten. Unter allem aber stand uns eines obenan: er war nämlich auch Bräutigam. Das Bildnis seiner Braut, in Pastell, hing am Fußende seines Bettes, eine Pastorentochter von freundlichen, beinahe hübschen Gesichtszügen, mit einem schwarzen Sammetband um den Hals, daran ein Medaillon hing. Das Gesicht war uns interessant genug, aber das Interesse, das es uns einflößte, verschwand doch neben dem Medaillon, weil wir von der Frage nicht los konnten: "Was steckt eigentlich darin? Ist es sein Bildnis oder ist es ein Schnitzelchen von seinem Haar?" Von Locke konnte wohl nicht gesprochen werden. Aber was es auch sein mochte, ein Liebeszeichen war es gewiß, und wenn wir dann wieder etwas von Suleika hörten, so folgten wir freudiger und geduldiger und suchten nach Ähnlichkeiten zwischen der Schönheit aus dem Osten und der Pastorentochter aus der Ost-Priegnitz. Übrigens wolle man aus dem Pastellbilde am Fußende des Bettes nicht schließen, daß Dr. Lau von einer gekünstelt heraufgeschraubten Gefühlsbeschaffenheit gewesen wäre, ganz im Gegenteil. Er war von durchaus gesundem Sinn, und wenn ich mich eines literarischen Vorganges erinnere, darin ich mit neun oder zehn Jahren die Hauptrolle spielte, so muß ich meinen guten Dr. Lau sogar einen Realisten nennen. Dies kam so. Meines Vaters Geburtstag stand bevor, und ich hatte die Pflicht, auf einem liniierten Briefbogen – schon die bloße Liniierung war ein Schrecknis – meine Glückwünsche niederzuschreiben. Ich durfte dies in einer Schulstunde tun, während welcher Lau Exerzitienhefte korrigierte. Mit einem Male sagte er: "Nun gib her."

Ich hatte aber mit meinem Geburtstagsbriefe noch gar nicht angefangen, sondern mich bis dahin darauf beschränkt, allerlei Reime auf ein neben mir liegendes Blatt zu kritzeln, halber Unsinn, der nicht viel was andres war, als der Ausdruck meiner Verzweiflung. Ich wußte nicht, was ich schreiben sollte, der berühmte Anfang wollte sich nicht finden lassen, und so schob ich denn, mit Hilfe dieser Spielerei, das, um was es sich eigentlich handelte, nur hinaus. Verlegen reichte ich das bekritzelte Blatt hinüber, und Lau, nachdem er seine Brille geputzt, begann zu lesen:

Lieber Vater,
Du bist kein Kater.
Du bist ein Mann,
Der nichts Fettes vertragen kann;
Doch von den Russen hörst du gern,
Wie sie den Polen den Weg versperren usw....

In solcher Reimerei, drin ich von Zeile zu Zeile sozusagen lapidar gegenüberstellte, was mein Vater sei und nicht sei, was er möge und nicht möge, ging es weiter zwei Seiten lang. Als Dr. Lau damit durch war, schlug er auf den Tisch und sagte: "Das ist gut, das wollen wir nehmen; darüber wird sich dein Vater freuen. Nur das mit dem Kater müssen wir fortlassen." Und den Anfang durchstreichend, schrieb er statt dessen "Lieber Vater, du Stadtberater". Denn mein Vater war kurz vorher Senator oder Mitglied des Magistrats geworden, dessen Sitzungen er, bei großer Abneigung gegen dergleichen, natürlich nie beiwohnte. Auch diesen Zug hab' ich von ihm geerbt. Lau blieb zwei Jahre lang. Als sein Abgang nahe war, kam ich auf den unglücklichen Gedanken, ihm zu Ehren ein Stück aufzuführen, noch dazu ein Lustspiel. Es war ungebührlich lang, und kein Mensch hörte recht zu, was mich sehr traurig machte. Das Schlimmere aber lag nach der Herzensseite hin. Ich liebte Dr. Lau ganz aufrichtig, mehr als irgendeinen anderen Lehrer, den ich später gehabt habe; trotzdem brachte mich die verdammte Komödianteneitelkeit um jedes richtige Gefühl für den Mann, dem ich doch so viel verdankte. Ja, noch ganz zuletzt, als er bewegt von uns Kindern Abschied nahm, dachte ich nicht an den lieben braven Mann, sondern immer noch an das dumme Stück, mit dem wir so gar keinen Erfolg erzielt hatten. Eigentlich bleibt es zeitlebens so; immer wenn mit allem Fug und Recht die großen Gefühlsregister gezogen werden sollen, denkt man als Kind an Kuchen und Traubenrosinen, zehn Jahre später an einen neuen Schlips, und wenn endlich wer gestorben ist, an den Bouleschrank und wer ihn wohl eigentlich kriegen wird.

Lau, soviel ich weiß, hat nie mehr von sich hören lassen. Vielleicht daß er an Krauses schrieb, aber ich habe nichts davon vernommen. Viele Jahrzehnte später erfuhr ich, daß er Rektor in Wittstock geworden sei, und als solcher ist er mutmaßlich gestorben.

Lau verließ uns im Spätherbst 30, und Bemühungen, seine Stelle rechtzeitig zu besetzen, waren entweder versäumt worden oder hatten zu keinem Resultate geführt. Wir standen also wieder vor einem Interim, das aber diesmal, weil die Krauses mit in Verlegenheit waren, einen anderen Charakter annahm als vordem. Mit andern Worten, die "Methode" meines Vaters, brauchte nicht wieder zu momentaner Aushilfe für mich herangezogen zu werden, denn nach einigem Umtun in der Stadt ergab sich's, daß ein in den Vorbereitungen zum Examen steckender Theologe vorhanden und desgleichen bereit sei, sich bis zum Eintreffen eines neuen Hauslehrers unserer anzunehmen. Freilich nur halb und auch das kaum. Es war dies der Predigtamtskandidat Knoop, Sohn des Lotsenkommandeurs, ein gewissenhafter junger Mann, gegen den nicht das geringste zu sagen gewesen wäre, wenn er uns und unsere Eltern nicht zu sehr hätte fühlen lassen, daß er alles nur aus Gefälligkeit tue, ja, daß er uns geradezu ein Opfer bringe. Vorwürfe waren ihm daraus freilich nicht zu machen, denn es lag wirklich so. Die Sache fing gleich damit an, daß er in seinem väterlichen Hause verblieb und unsern Eltern gegenüber darauf bestand, daß wir zu wechselnden und jedesmal von ihm zu bestimmenden Tagesstunden in seiner meist in einer Tabakswolke steckenden Hinterstube mit kleinen Zitzgardinen erscheinen müßten. Er war nicht freundlich und nicht unfreundlich und sah, gleichviel ob er uns Interessantes oder Nichtinteressantes mitteilte, gleichmäßig gelangweilt drein. Im ganzen aber kam es seinerseits überhaupt nicht recht zu Mitteilungen, sondern nur zu Aufgaben, ein Verfahren, aus dem genugsam hervorging, daß er uns nicht eigentlich belehren, sondern nur beschäftigen wollte. Dazu gehörte denn vor allem, weil ihm das das bequemste war (Exerzitien und Aufsätze hätten ja korrigiert werden müssen), das Auswendiglernen von Vers und Prosa, von Bibelkapiteln und Schillerschen Balladen. Er erschrak dabei vor keiner Länge. Ganz im Gegenteil, so daß ihm beispielsweise der "Kampf mit dem Drachen", weil er länger vorhielt, um vieles lieber war als der "Handschuh", der nur fünf Minuten dauerte. Wir hatten gegen diese neue Form des Unterrichts nicht viel einzuwenden, und nur einmal kam es mir hart an. Es ereignete sich das in den Weihnachtstagen 30 auf 31, kurz vor Tisch.

Ich selber war, wie gewöhnlich zu dieser Festzeit, in jenem eigentümlich gastrischen Zustande, wo sich der schon geschädigte Magen unbegreiflicherweise nach neuer Schädigung sehnt. Ein wohliger Duft von gebratener Gans zog durch das ganze Haus und gab meinen Gedanken eine dem Höheren durchaus abgewandte Richtung. Ich hatte mich, der wieder in Gedichtauswendiglernen bestehenden Ferienaufgabe gedenkend, auf den ersten Boden zurückgezogen und mir's hier in einem Kinderschlitten mit Seegraskissen leidlich bequem gemacht, dabei einen alten vielkragigen Mantel meines Vaters über die Knie gebreitet, denn es war bitterkalt, und in der Sonne blinkten links neben mir ein paar Schneestreifen, die der Wind durch die Fensterritzen hineingepustet hatte. Fröstelnd und unzufrieden mit mir und meinem Schicksal saß ich da, Schillers Gedichte vor mir, und lernte "das Eleusische Fest". Unten klimperte wer auf dem Klavier. Als es endlich schwieg, hörte ich den von einem asthmatischen Pusten begleiteten Schritt meines Vaters auf der Treppe und nicht lange mehr, so stand er vor mir, übrigens zunächst weniger mit mir als mit den zwei Schneestreifen beschäftigt. Er schob denn auch, eh er sich zu mir wandte, den Schnee mit der Sohlenkante zusammen und sagte dann ernst: "Ich begreife nicht, warum du hier sitzest."

"Ich lerne."

"Was?"

"Das Eleusische Fest."

"Nun, das ist gut. Aber du siehst aus, als ob du keine rechte Freude daran hättest. Ohne Freude geht es nicht, ohne Freude geht nichts in der Welt. Von wem ist es denn?"

"Von Schiller."

"Von Schiller. Nu, höre, dann bitt' ich mir aus, daß du Ernst mit der Sache machst. Schiller ist der Erste. Wie lang is es denn?"

"Siebenundzwanzig Verse."

"Hm. Aber wenn es von Schiller ist, ist es gleich, ob es lang oder kurz ist. Es muß runter."

"Ach, Papa, die Länge, das is es ja nicht. Der ›Kampf mit dem Drachen‹ ist noch länger, und ich habe es in der letzten Stunde, die wir hatten, doch hergesagt."

"Nun, was ist es dann?"

"Es ist so schwer. Ich versteh es nicht."

"Unsinn. Das ist bloße Faulheit. Gewiß, es gibt Dichter, die man nicht verstehen kann. Aber Schiller! Gang nach dem Eisenhammer, Bürgschaft, Kraniche des Ibykus, da kann man mit. ›Und in Poseidons Fichtenhain, tritt er mit frommem Schauder ein‹ – das kann jeder verstehn und war immer meine Lieblingsstelle. Natürlich muß man wissen, wer Poseidon ist."

"Ja, das geht, und Poseidon kenn' ich. Und die, die du da nennst, die hab' ich auch alle gelernt. Aber das Eleusische Fest, das kann ich nicht. Ich weiß nicht, was es heißt, und weiß auch nicht, was es bedeutet, und ich weiß auch nicht, gleich zu Anfang, welche Königin einzieht."

"Das ist auch nicht nötig. Du wirst doch verstehn, daß eine Königin einzieht. Welche er meint, ist am Ende gleichgültig. Es ist ein Ausdruck für etwas Hohes."

"Und in dem zweiten Verse heißt es dann: ›Und in des Gebirges Klüften barg der Troglodyte sich.‹ Was ist ein Troglodyte?"

"Nun, das ist ein griechisches Wort und wird wohl Leute bezeichnen, die einen Kropf haben oder irgend so was. An solcher einzelnen Unklarheit kann das Ganze nicht scheitern. Also strenge dich an..."

Er hätte mir wohl noch weitere Lehren gegeben, wenn nicht in diesem Augenblicke zu Tische gerufen wäre. "Nun komm nur. Es heißt zwar plenus venter... aber du wirst schon darüber hinkommen."

Ich kam nicht darüber hin und habe das Eleusische Fest nicht auswendig gelernt, weder damals noch später. Aber so viel bin ich dem Lotsenkommandeurssohn doch schuldig: das Eleusische Fest bedeutete nur den Ausnahmefall und kann die Tatsache nicht aus der Welt schaffen, daß ich ihm, und nur ihm allein, die Totalkenntnis der Schillerschen Balladen verdanke. General v. d. Marwitz erzählt einmal in seinen Memoiren, daß er einen Hauslehrer gehabt, der, aus einem kleinen Buche von höchstens hundert Seiten, Weltgeschichte vorgetragen habe; nach dem Vortrage ließ er dann seinen Zögling ein paar Seiten auswendig lernen, und wenn er mit dem Buche durch war, begann das Auswendiglernen von Seite 1 an von neuem. Marwitz setzt hinzu: "Dieser Lehrer war beschränkt und bequem, aber ich verdanke ihm, in bezug auf historische Fakten und Zahlen, eine Überlegenheit über alle Personen, auch die Klügsten mit einbegriffen, mit denen ich in meinem langen Leben in Berührung gekommen bin. Keiner wußte so sicher wie ich, in welchem Jahre die Schlacht bei Crecy oder bei Granson oder bei Lepanto gewesen war."

Ostern 31 war endlich ein neuer Hauslehrer da, so daß die Stunden im kommerzienrätlichen Hause wieder ihren Anfang nehmen konnten. Der Neuengagierte hieß Dr. Philippi und kam aus Hamburg. Er war aus einem großen Hause, sehr gebildet und von weltmännischen Manieren. Das war das Gute, das er mitbrachte; zugleich aber gab ihm sein Hamburgertum, sein Vertrautsein mit den Formen einer wirklich reichen und vornehmen Kaufmannswelt, ein bis zu Dünkel und Unart sich steigerndes Selbst- und Überlegenheitsgefühl, das ihm von Anfang an seine Stellung verdarb. In der Stadt gewiß und fast auch in dem liebenswürdigen Hause, dem er als Mitglied angehörte. Dr. Lau, wie hervorgehoben, hatte auch etwas von diesem Selbst- und Überlegenheitsgefühl gehabt, aber in ganz andrer Art. Lau war nicht spitz und ironisch, sondern immer nur heiter und humoristisch gewesen und hatte seine vergnügliche Stimmung, und mit ihr Licht und Behagen, zunächst in seine Verkehrsformen und schließlich auch in seine Unterrichtsstunden mit herübergenommen; Philippi dagegen, der überaus eitel und weil man ihm nicht Ehre genug erwies, auch immer sehr geärgert und verstimmt war, ließ durchweg jene freundliche Gesinnung vermissen, ohne die nichts recht gedeiht. Wir lernten dies und das, aber es hatte kein Leben, nicht einmal so viel, wie der morose Predigtamtskandidat seinen halb widerwillig gegebenen Stunden zu geben gewußt hatte. Nicht ein einziges Schulvorkommnis hat sich mir aus jenen Philippischen Tagen her eingeprägt. Ein wenig mochte dies allerdings auch daran liegen, daß die Zeit, wo ich das elterliche Haus zu verlassen hatte, näher und näher rückte und daß mich nur noch das interessierte, was kommen würde, nicht das, was da war.

Vierzehntes Kapitel

Wie wir erzogen wurden
Wie wir spielten in Haus und Hof

Wie wir erzogen wurden? Ich habe diese Frage schon an mehr als einer Stelle gestreift und bin ihr namentlich im vorigen Kapitel, wo sich's um die Schule handelte, vergleichsweise nahe getreten. Indessen Erziehung und Schule, bei vielem, was sie gemeinsam haben, sind doch auch wieder zweierlei; die Schule liegt draußen, Erziehung ist Innensache, Sache des Hauses, und vieles, ja das Beste, kann man nur aus der Hand der Eltern empfangen. "Aus der Hand der Eltern" ist nicht eigentlich das richtige Wort; wie die Eltern *sind*, wie sie durch ihr bloßes Dasein auf uns wirken – *das*entscheidet. Es gibt unbestritten ausgezeichnete Schul- und

Erziehungsanstalten, die, mit Rücksicht auf Charakterausbildung, vielfach erheblich mehr leisten mögen als das elterliche Haus; aber in der Hauptsache bleibt doch ein Manko. Der Charakter mag gewinnen, der Mensch verliert. Es gibt so viel Dinge, die mit ihrem stillen und ungewollten, aber eben dadurch nur um so nachhaltigeren Einfluß erst den richtigen Menschen machen. Das große, mit Pflicht-, Ehr- und Rechtsbegriffen ausstaffierte Tugendexemplar ist unbedingt respektabel und kann einem sogar imponieren; trotzdem ist es nicht das Höchste.

Liebe, Güte, die sich bis zur Schwachheit steigern dürfen, müssen hinzukommen und unausgesetzt darauf aus sein, die kalte Vortrefflichkeit zu verklären, sonst wird man all dieses Vortrefflichen nicht recht froh. Ich hatte das Glück, in meinen Kindheits- und Knabenjahren unter keinen fremden Erziehungmeistern – denn die Hauslehrer bedeuteten nach dieser Seite hin sehr wenig – heranzuwachsen, und wenn ich hier noch einmal die Frage stelle "wie wurden wir erzogen", so muß ich darauf antworten: "Gar nicht und – ausgezeichnet". Legt man den Akzent auf die Menge, versteht man unter Erziehung ein fortgesetztes Aufpassen, Ermahnen und Verbessern, ein mit der Gerechtigkeitswaage beständig abgewogenes Lohnen und Strafen, so wurden wir gar nicht erzogen; versteht man aber unter Erziehung nichts weiter als "in guter Sitte ein gutes Beispiel geben" und im übrigen das Bestreben, einen jungen Baum, bei kaum fühlbarer Anfestigung an einen Stab, in reiner Luft frisch, fröhlich und frei aufwachsen zu lassen, so wurden wir ganz wundervoll erzogen. Und das kam daher: meine Eltern hielten nicht bloß auf Hausanstand, worin sie Muster waren, sie waren auch beide von einer vorbildlichen Gesinnung, die Mutter unbedingt, der Vater mit Einschränkung, aber darin doch auch wieder uneingeschränkt, daß ihm jeder Mensch ein Mensch war. Noch weit über seine Bonhomie hinaus ging seine Humanität. Er war der Abgott armer Leute.

So waren die zwei Persönlichkeiten, die wir tagaus, tagein vor Augen hatten; und wie man mit Recht gesagt hat, das Wichtigste für den physischen Menschen sei die Luft, drin er lebe, weil er aus ihr mit jedem Atemzuge Gesundheit oder Nichtgesundheit schöpfe, so ist für den moralischen Menschen das, was er von seinen Eltern sieht und hört, das Wichtigste, denn es ist nicht eine von glücklichen Zufällen abhängige, vielfach unfruchtbare Belehrung, sondern ein Etwas, das in jenen Jahren, wie die Seele sich bildet, von Minute zu Minute seine Wirkung übt.

"Gar nicht erzogen und ausgezeichnet erzogen", so sagte ich, und dies scheinbar sich Widersprechende paßte ganz vorzüglich zusammen. Es paßte zusammen und hätte noch besser gepaßt, wenn der Zustand des Sich-gar-nicht-oder-doch-nur-wenig-um-uns-Kümmerns ein permanenter gewesen und jederzeit in seiner vollen Reinheit aufrecht erhalten worden wäre. Leider aber war dies nicht der Fall; vielmehr wurde durch dann und wann auftretende Versuche, mit den herkömmlichen pädagogischen Mitteln einzugreifen, unser normaler Nichterziehungsprozeß gestört, teils nutzlos, teils geradezu schädigend. Ich kann mich nämlich nicht entsinnen, jemals mit einem vollen Recht bestraft worden zu sein; entweder war es im Maß verfehlt oder ganz und gar ungerechtfertigt. Es traf sich dabei so sonderbar, daß alle diese Strafen durch meinen Vater vollzogen wurden, wobei jedoch zwei Gruppen unterschieden werden müssen: solche, zu denen der Vollziehende, mein Vater also, sich durch sich selber getrieben fühlte, und solche, zu denen er bloß abkommandiert wurde. Jene haben keinen großen Eindruck in meiner Seele hinterlassen, aber diese, die bloß auf Befehl erfolgten, schmerzen mich bis diesen Tag.

Ich gebe ein paar Beispiele zur Charakterisierung der einen und der anderen Art und beginne mit den aus freiem Willen entsprossenen Strafen. Daß es überhaupt zu solchen kam, muß bei dem Charakter meines Vaters überraschen, denn er war ganz ausgesprochen für Leben und Lebenlassen und jedenfalls der unstraflustigste Mann von der Welt. Daß er nun, dem allen zum Trotz, doch gelegentlich zu Strafvollstreckungen aus eigener Initiative schritt, hatte in ganz kleinen Nebenzügen seines Charakters seinen Grund, in etlichen Sonderbarkeiten, die freilich ganz zu ihm gehörten und erst recht eigentlich das aus ihm machten, was er war, ein Original. Unter diesen kleinen Nebenzügen waren zwei, für mich wenigstens, von ganz besonderer Bedeutung: er war zunächst allemal außer sich, wenn eine Fensterscheibe neu eingesetzt werden mußte, und geriet zum zweiten, und zwar weit über den Fensterscheibenärger hinaus, in eine kleine Berserkerrage, wenn ihn das Riesendach seines Hauses, weil es wieder mal durchgeregnet hatte, zur Einlegung von ein paar neuen Dachziegeln zwang. An diesen beiden Eigentümlichkeiten ist der Frieden meiner Kinderjahre mehrfach gescheitert. Ich war ein eifriger Ballspieler und bevorzugte jene besondere Form des Spiels, wo sich einer meiner Kumpane mit dem Rücken an die Wand stellen und seine rechte Hand ausstrecken mußte. Nach dieser Hand zielte ich nun, und war ich dabei nicht geschickt genug, so flog der Ball gelegentlich in eine Scheibe. Danach kam dann das Strafgericht. Aber viel schlimmere Folgen entsprangen mir aus meines Vaters Antipathie gegen die vorerwähnten Dachreparaturen. Zu meinen Hauptspielvergnügungen, ich komme weiterhin ausführlich darauf zurück, zählte das Umherklettern und sich Verstecken auf dem Bodengebälk. Ich saß oder hockte da, meist mit dem Rücken an einen Rauchfang gelehnt, und war glücklich, wenn die Jungen, die nach mir suchten, mich nicht finden konnten. Aber gerade diese Momente höchsten Triumphs waren es doch auch, die zuletzt wieder eine Gefahr heraufbeschworen. Wenn ich da, durch Mauer- und Lattenwerk verborgen, eine Stunde lang und oft noch länger gehockt hatte, kamen, wie sich denken läßt, kleine menschliche Schwachheiten über mich, denen ich sozusagen auf ordnungsmäßige Weise nicht nachgehen konnte, weil ich mich dadurch meinen unten auf mich wartenden Feinden überliefert haben würde. So denn zwischen zwei Bedrängnisse gestellt, kroch ich zuletzt aus meinem Halbversteck auf einen möglichst im Schatten liegenden Balken hinaus und nahm hier die Stellung ein wie die berühmte kleine Brunnenfigur in Brüssel, mich zugleich derselben Beschäftigung unterziehend. Gleich danach verbarg ich mich wieder so gut es ging und wartete da, bis ich bei endlichem Dunkelwerden meine Chance wahrnehmen und unten, am Treppenpfeiler, unter dreimaligem Anschlag den Freiplatz erreichen konnte. Das war dann jedesmal ein großer Sieg, aber eine schmerzliche Niederlage heftete sich nur allzuoft an meine Sohlen. Traf es sich nämlich so, daß mein Vater am anderen Tage sein Haus revidierte, vor allem aber die Böden, gegen die er immer ein besonderes Mißtrauen unterhielt, so trat er alsbald sinnend an die Stelle, zu deren Häupten ich am Abend vorher gestanden, und hielt hier eine seiner herkömmlichen, zunächst gegen das "verdammte Dach, das ihn noch aufzehren werde", gerichteten Ansprachen, bis ihm mit einem Male der Gedanke kam, "sollte vielleicht wieder...?" Und nun begann das Prozessualische. Wurde meine Schuld festgestellt, so traf mich eine Strafe, die die wegen Ball und Fensterscheibe mindestens dublierte.

Solcher Art waren die Vollstreckungen aus der freien Initiative meines Vaters, kleine Exekutionen, die vielleicht auch hätten wegbleiben können, aber gegen die ich, wie schon gesagt, in meinem Gemüte nicht länger murre. Sehr anders verhielt es sich mit den Strafen, an die mein Papa, wie in Ausführung eines richterlichen Befehls, heran mußte. Diese waren schmerzlich und nachhaltig. Eine davon ist mir besonders stark im Gedächtnis geblieben.

Es war schon im Oktober, ein heller, wundervoller Tag, und wir spielten in unserem Garten ein von uns selbst erfundenes, aber freilich nur einmal gespieltes Spiel: "Bademeister und Badegast". An der Gartentür standen Tisch und Stuhl, auf welch letztrem der Bademeister saß und gegen gesiegelte Marken Zutritt gewährte. War diese Marke gezahlt, so schritt der Badegast über eine auf Holzkloben liegende Bretterlage hin und kam schließlich an den Badeplatz. Dies war ein vorher gegrabenes riesiges Loch von wenigstens vier Fuß im Quadrat und ebenso tief. Das Wasser fand sich von selbst, denn es war Grundwasser, und in diesem Grundwasser stapften wir nun, nach Aufkrempelung unserer Hosen und wie in Vorahnung der Kneippschen Heilmethode, glückselig herum. Aber nicht allzulange. Meine Mutter hatte vom Wohnzimmer meines Vaters aus diesen Badejubel beobachtet, und aus Gründen, die mir bis diesen Augenblick ein Geheimnis sind, entschied, sie sich dahin, "daß hier ein Exempel statuiert werden müsse". Hätte sie sich der Ausführung dieses Entscheides nun selber unterzogen, so wäre die Sache nicht schlimm gewesen; die Hand einer Mutter, die rasch dazwischen fährt, tut nicht allzu weh; es ist ein Frühlingsgewitter, und kaum hat es eingeschlagen, so ist auch die Sonne schon wieder da. Leider jedoch hatte meine Mutter, und zwar schon Jahr und Tag vor Eröffnung dieser "privaten Badesaison", den Entschluß gefaßt, nur immer Strafmandate zu erlassen, die Ausführung aber meinem Vater, wie einem dafür Angestellten, zuzuweisen. Das Heranreifen eines solchen Entschlusses in ihr kann ich mir nur so erklären, daß sie davon ausging, mein sehr zur Bequemlichkeit neigender Vater sei eigentlich "für gar nichts da", und daß sie mit dem allen den Zweck verband, ihn auf den Weg des Pflichtmäßigen hinüberleiten zu wollen. Treff' ich es damit, so muß ich sagen, ich halte das von ihr eingeschlagene Verfahren für falsch.

Wer die Untat entdeckt und als Untat empfindet, der muß auch auf der Stelle Richter und Vollzieher in einer Person sein. Vergeht aber eine halbe Stunde oder eine ganze und muß nun ein vom Frühschoppen heimkehrender Vater, der eigentlich sagen möchte "seid umschlungen Millionen", muß dieser unglückselige Vater, auf einen Bericht und eine sich daran knüpfende Pflichtermahnung hin, den Stock oder gar die Reitpeitsche von seinem verstaubten Schreibpult herunternehmen, um nun den alten König von Sparta zu spielen, so ist das eine sehr traurige Situation, traurig für den mit der Exekution Beauftragten und traurig für den, an dem sich der Auftrag vollzieht. Kurz und gut, ich wurde ganz gründlich ins Gebet genommen, und als ich aus der Marter heraus war und total verbockt (ein Zustand, den ich sonst nie gekannt habe) in unserer schüttgelben Kinderstube mit dem schwarzen Ofen und dem Alten-Geisler-Stuhl auf und ab ging, erschien meine Mutter und forderte von mir, daß ich nun auch noch hinübergehen und meinem Vater abbitten solle. Das war mir über den Spaß, und ich weigerte mich. Schließlich aber redete sie mir freundlich zu, und ich tat es. Ich glaube, sie fühlte in ihrem Gerechtigkeitssinne, daß sie viel zu weit gegangen war, und weil ihr mein Vater, dem die Sache gewiß geradezu gräßlich war, schon ähnliches gesagt haben mochte, so lag ihr daran, alles baldmöglichst wieder beglichen zu sehen.

All das waren so Proben aus dem verunglückten Detail der Erziehung, oder ich könnte auch sagen unerwünschte Leistungen auf dem von beschränkten Leuten so recht eigentlich als "Erziehung" angesehenen Gebiete, weil beschränkte Leute von der Erziehungsvorstellung die Vorstellung der Strafe nicht trennen können. Glücklicherweise kam es zu solchen Szenen nur sehr ausnahmsweise, was ich hier nochmals von ganzem Herzen preise. Regel war, unsere Kreise nicht zu stören, und wenn ich nicht in die Schule ging oder gerade Schillersche Balladen lernen mußte, so gehörte meine Zeit der Beschäftigung nach freier Wahl an, der Ungebundenheit, dem Spiel.

Mein Vater ging dem Spiel nach; ich auch. Aber während seine Spiele L'hombre, Whist und Boston hießen, des edlen Pharaos ganz zu geschweigen, hießen die meinigen, um nur ein paar zu nennen, Klinker und Knut, und Anschlag und Versteck. Kartenspiel, wie's auch Kinder spielen, war mir immer höchst langweilig, wogegen ich all das, was ich *meine*Spiele nannte, mit einer Lust und Leidenschaft spielte, die weit über die Kartenspiellust meines Vaters hinausging. Ich war der geborene kleine Akrobat. Von Schulgerechtem konnte dabei keine Rede sein; aber in allem, was einem auf diesem Gebiete, wenn man leidlich gesund ist, von Mutter Natur als Voranlage mitgegeben wird, war ich sehr glücklich ausgestattet. Ich war stärker und gewandter als die Schul- und Straßenjungen, mit denen ich anfänglich (später änderte sich's) in Berührung kam, und diese Kraft und Gewandtheit zu zeigen, war ich in so hohem Maße beflissen, daß ich, im Rückblick auf meine Kinderjahre, diese ganze Zeit nicht als eine Schul- und Lernzeit voll Gequält- und Gedrilltwerdens, sondern als eine Zeit unausgesetzten Spielens vor Augen habe, so sehr überwogen die Spielstunden alles andere, sowohl dem Zeitmaße wie dem Interesse nach.

Noch einmal, es war zumeist meine natürliche Veranlagung für das Turnerische, was mich die gewöhnlichen Knabenspiele mit so viel Lust und Liebe spielen ließ, und ich werde davon in diesem und den folgenden Kapiteln noch mancherlei zu berichten haben. Aber in jenem wohlbekannten Widerspruche, der nun mal, einem rätselhaften Naturgesetze folgend, unser Leben und unsere Neigungen durchzieht, in diesem auch bei mir zutage tretenden Widerspruche traf es sich so, daß meine zwei leidenschaftlichsten Spielbeschäftigungen in dem einen Falle gar nichts und in dem andern sehr wenig mit Akrobatik und halsbrecherischen Kunststücken zu tun hatten. Denn diese zwei leidenschaftlichsten Beschäftigungen waren: die Buchbinderei (richtiger noch: bloße Papparbeit) und das Versteckspielen.

Die *Papparbeit!* Mir ganz unerfindlich jetzt, wie mich diese langweiligste Beschäftigung durch Jahre hin so ganz in Anspruch nehmen konnte, daß ich mindestens ein Drittel meiner freien Zeit damit verbracht und mindestens zwei Drittel meines Taschengeldes für Pappe, marmoriertes Papier und Goldborten ausgegeben habe. Nun darf ich zwar hinzusetzen, daß ich den Kleisterpinsel im Dienst einer höheren Idee schwang, und daß der meiner Leimtopfarbeit dienende Stubenwinkel eine Art Schutzwaffenfabrik war, wo meine Völker – ich komme weiterhin darauf zurück – wehrhaft gemacht und mit Schilden und Brustharnischen ausgerüstet wurden; aber wiewohl das alles zutrifft, so kann ich doch das Entschuldigungsmoment, das darin liegt, vorm Richterstuhl der Wahrheit kaum gelten lassen, weil ich deutlich fühle, daß ich, auch wenn die Volksausrüstungsfrage mir fern gelegen hätte, dennoch dieselbe Klebebeschäftigung geübt haben würde. Dann freilich wahrscheinlich als Domarchitekt und Kathedralenbauer in Pappe. Ich kann es mir nur so erklären, daß sich ein gewisser Gestaltungsdrang darin aussprach. Es prickelte mich, etwas entstehen zu sehen. Aber vielleicht ist diese Erklärung auch noch zu schmeichelhaft.

Ähnlich ratlos steh' ich der *Versteckspiel*-Passion gegenüber. Denn wenn auch die darauf verwendete Zeit – weil ich die sechs, acht Jungen, die mich aufsuchen mußten, nicht immer zur Hand hatte – viel geringer war, so war doch die Leidenschaft dafür noch viel, viel größer und am größten da, wo sie am unverständlichsten war. Das schon vorgeschilderte Herumklettern in dem in tiefem Schatten liegenden Sparrenwerk des Daches, auch wenn ich dabei hinter einem Rauchfang oder Lattenverschlag auf Augenblicke nach Schutz oder Deckung suchen mußte – war kein eigentliches Versteckspiel, trotzdem etwas davon mit vorkam; eigentliches Versteckspiel, nach meiner damaligen Anschauung, war etwas viel Großartigeres, Poetisch-phantastischeres und jedenfalls gleichbedeutend mit einem völligen stundenlangen Verschwinden, wozu der riesige Heuboden, den wir auf unserem Hofe hatten, eine nicht zu übertreffende Gelegenheit bot. Bis unter den First eines langen Stallgebäudes lag das Heu dicht aufgeschichtet, und in die tiefen und engen Löcher, die sich hier und da zwischen den Dachbalken und der Heumasse befanden, ließ ich mich leise hinabgleiten. Da saß ich dann endlos, unter beständigem Herzklopfen, vor Enge und Schwüle beinahe erstickend und immer nur durch die glückselige Vorstellung aufrechterhalten "und wenn sie dich suchen bis an den Jüngsten Tag, sie finden dich nicht." Und sie fanden mich auch wirklich nicht, gaben zuletzt alles Suchen auf, brachen das Spiel ab und gingen in die Küche. wo sie, Schemel und Fußbänke an den Herd rückend, unter Verwünschungen gegen mich ihr Vesperbrot verzehrten. Ich aber, wenn ich an dem

Stillwerden in Hof und Garten merkte, daß man die Jagd auf mich aufgegeben hatte, wand mich aus meinem Heuloche wieder heraus und erschien nun unter ihnen mit dem Ausdruck höchster Geringschätzung. Ich tue wieder die Frage: Worin wurzelt da das Glück?

Begreiflicher als die Versteckspiel-Freude war die Lust am Klettern, wozu, neben anderem, die dicht vor unserem Hause stehenden Kastanienbäume mich geradezu herausforderten. Auf den unteren Ästen sich einlogieren, das konnte jeder; aber von der höchsten Spitze her einen blühenden Zweig herunterholen, das war ein lohnender Ehrgeiz, dem ich beinahe mal zum Opfer fiel. Unter dem Baume stand der alte Pietzker, unser Nachbar, ein Holländer, der einen Handel mit Edamer Käse trieb und nach Art der französischen Bauern immer in einer weißen Zipfelmütze einherging. Er war mein guter Freund und rief mir in den Baum hinauf zu, "ich solle mich in acht nehmen, Kastanienholz bräche leicht".

Es war gut gemeint, aber kam zu spät. Denn im selben Augenblicke gab es auch schon ein Knicken und Knacken, und ganz zuletzt noch einmal auf den Hauptast des Baumes aufschlagend, stürzte ich von oben herab auf den steinharten Boden, steinhart, weil zehn Fuß breit um das Haus herum Müll und Ziegelschutt aufgeschüttet war. Ich lag da für tot und rührte mich nicht; der Umstand indes, daß das viele kleine Gezweige zunächst die Vehemenz des Sturzes gemindert hatte, hatte mich doch gerettet, und nach kurzer Zeit schlug ich die Augen auf und Pietzker trug mich in die Apotheke, wo man mir mit Salmiakgeist weiter aufzuhelfen trachtete. Geschah auch. Als ich aber über Rippen- und Rückenschmerzen klagte, sagte Pietzker: "Da hilft bloß Mierenspiritus." Und eh ich "ja" oder "nein" sagen konnte, wurde ich damit übergossen. Ich hatte immer noch Schmerzen, war jedoch wieder beweglich geworden und konnte, wenn auch freilich nur mit Anstrengung, beim Abendbrot, bei dem die Eltern glücklicherweise fehlten, erscheinen. Es war gerade die schon in einem früheren Kapitel erwähnte Milchsuppenzeit, was an und für sich gut paßte. Zugleich war es auch der Tag, wo aus der herkömmlichen Folge von Reis, Grieß, Hirse gerade die Hirse an der Reihe war, und mit einem Male merkend, daß sich, wohl in weiterer Folge meines Sturzes, die Vorderhälfte des einen Backzahnes ablöste, fühlte ich auch schon, wie sich ein Hirsekorn in die offene Stelle einsenkte. Unter furchtbaren Schmerzen verbrachte ich die Nacht und war am andern Tag ein Bild des Jammers. Dazu kam noch die beständige Furcht, ich könnte wegen Kletterns, das natürlich verboten war, abgestraft werden. Das unterblieb aber. Mein Vater trat vielmehr, als ich unglücklich dasaß, zu mir und sagte: "Pietzker hat mir alles erzählt. Du wirst noch den Hals brechen. Wo tut's denn weh?"

Er hatte geglaubt, daß ich auf Kopf und Rücken zeigen würde; ich zeigte aber auf den Zahn und erzählte ihm, daß die Vorderhälfte abgebrochen sei.

"Nun, das ist nicht schlimm. Da muß die andere Hälfte auch 'raus. Dann bist du's los. Weh tut es. Aber das ist die Strafe."

Fünfzehntes Kapitel
Wie wir draußen spielten, an Strom und Strand

Es ist ein hübsches Wort, daß die Kinder ihren Engel haben, und man braucht nicht sehr gläubig zu sein, um es zu glauben. Für die Kleinen ist dieser Engel eine mit einem langen, weißen Lilienschleier angetane Fee, die lächelnd zu Füßen einer Wiege steht und entweder vor Gefahr bewahrt oder, wenn sie schon da ist, aus ihr hilft. Das ist die Fee für die Kleinen. Ist man aber aus der Wiege, beziehungsweise dem Bettchen heraus und schläft man bereits in einem richtigen Bett, mit andern Worten, ist man ein derber Junge geworden so braucht man freilich auch noch seinen Engel, ja, man braucht ihn erst recht; aber statt des Lilienengels muß es eine Art Erzengel sein, ein starker, männlicher Engel mit Schild und Speer, sonst reicht seine Kraft für seine mittlerweile gewachsenen Aufgaben nicht mehr aus. Ich war nicht eigentlich wild und wagehalsig, und alle meine Kunststücke, die mir als etwas Derartiges angerechnet wurden, geschahen immer nur in kluger Abmessung meiner Kräfte; trotzdem hab' ich im Rückblick auf jene Zeit das Gefühl eines beständigen Gerettetwordenseins, ein Gefühl, in dem ich mich auch schwerlich irre. Denn als ich mit zwölf Jahren aus dem elterlichen Hause kam, in einem Alter also, wo die Fährlichkeiten eigentlich erst zu beginnen pflegen, wird es mit einem Male ganz anders, so sehr, daß es mir vorkommt, als habe mein Engel von jenem Zeitpunkt ab wie Ferien gehabt; alle Gefahren hören entweder ganz auf oder schrumpfen doch so zusammen, daß sie mir keinen Eindruck hinterlassen haben. Es muß also bei dem Dichtnebeneinanderliegen dieser Zeitläufte doch wohl ein Unterschied gewesen sein, der mir so ganz verschiedene Gefühle zurückgelassen hat.

Aus sogenannten Schlüsselbüchsen schießen war ein Hauptvergnügen. Es wird solche Schlüsselbüchsen unter Großstadtkindern kaum noch geben, und deshalb möcht' ich sie hier noch beschreiben dürfen. Es waren Hohlschlüssel von ganz dünner Wandung, also sozusagen mit ungeheurer Seele, womit die Wäschetruhen und namentlich die Truhen der Dienstmädchen zugeschlossen wurden. Solche Schlüssel uns anzueignen, war unser beständiges Bemühen, worin wir bis zur Piraterie gingen. Wehe dem armen Dienstmädchen, das den Schlüssel abzuziehen vergaß – sie sah ihn nie wieder. Wir bemächtigten uns seiner, und durch die einfache Prozedur eines Zündloch-Einfeilens war nun die Schußwaffe hergestellt. Da diese Schlüssel immer rostig, mitunter auch schon ausgesplittert waren, so war es nichts Seltenes, daß sie sprangen; wir kamen aber immer heil davon. Der Engel half.

Ungleich gefährlicher waren die beständig geübten Feuerwerkskünste. Ich hatte mich mit Hilfe von Schwefel und Salpeter, die wir in der Apotheke bequem zur Hand hatten, zu einem vollständigen Pyrotechniker herangebildet, dabei von meiner Papp- und Kleisterkunst sehr wesentlich unterstützt. Alle Sorten von Hülsen wurden mit Leichtigkeit hergestellt, und so entstanden Sonnen, Feuerräder und pot à feu's. Oft weigerten sich diese Schöpfungen, ihre ihnen zugemutete Schuldigkeit zu tun, und wir warfen sie dann zusammen und zündeten den ganzen Haufen mißglückter Herrlichkeit mit einem Schwefelfaden an, abwartend, was draus werden würde. All das war ziemlich gefahrlos. Desto gefahrvoller für uns war aber das, was in der Pyrotechnik als das einfachste und niedrigststehende Produkt galt und auch von uns so angesehen wurde: der Schwärmer. Dieser, wenn ich die Mischung verfehlt haben mochte, wollte häufig nicht recht brennen, was mich immer sehr verdroß. Wenn sich ein Feuerrad zu drehen weigerte, nun, das ging allenfalls; ein Feuerrad war eine vergleichsweise künstliche Sache; ein Schwärmer aber mußte brennen, und wenn er trotzdem nicht wollte, war das eine Schändlichkeit, die man nicht hinnehmen durfte. So bückte ich mich denn über die in einen Sandhaufen gesteckten Hülsen und begann zu pusten, um dem erlöschenden Zündschwamm neues Leben zu geben. Erlosch er dabei völlig, so war das eigentlich das beste; ging es aber plötzlich los, so wurde mir das Haar versengt oder die Stirn verbrannt. Schlimmeres kam nicht vor. Der Engel schützte mich eben mit seinem Schild.

Das war das Element des Feuers. Aber auch mit dem Wasser machten wir uns zu schaffen, was in einer Seestadt nicht wundernehmen durfte.

Herbst 31 war mir von einem Berliner Anverwandten eine Kanone als Geschenk verehrt worden, nicht etwa ein gewöhnliches Kinderspielzeug, wie man es beim ersten besten Kupferschmied oder Zinngießer kaufen kann, sondern eine sogenannte Modellkanone, wie man ihnen nur in Zeughäusern begegnet – ein wahres

Prachtstück an Schönheit und Eleganz, die Lafette fest und sauber, das Geschützrohr blitzblank und wohl anderthalb Fuß lang. Ich war selig und beschloß alsbald zu einem Bombardement von Swinemünde zu schreiten. Zwei Jungens meines Alters und mein jüngerer Bruder bestiegen mit mir ein an "Klempins Klapp" liegendes Boot, und nun fuhren wir, die Kanone vorn am Steven, flußabwärts. Als wir etwa in Höhe des Gesellschaftshauses waren, hielt ich die Zeit zum Beginn der Beschießung für gekommen und gab drei Schuß ab, bei jedem Schuß abwartend, ob wir vom Bollwerk aus beobachtet und in dem Ernst unsres Tuns gewürdigt würden. Beides blieb jedoch aus. Was aber nicht ausblieb, das war, daß wir inzwischen in die Strömung hineingeraten waren und von dieser gefaßt und getrieben, uns mit einem Male zwischen den Molendämmen sahen, und nun erfaßte mich eine furchtbare Angst. Ging das so weiter, so waren wir in zehn Minuten draußen und konnten dann auf Bornholm und die schwedische Küste zufahren.

Es war eine ganz verteufelte Situation, und wir griffen zuletzt zu dem wenigst tapferen, aber doch schließlich verständigsten Mittel und begannen ungeheuer zu schreien, zugleich winkend und schwenkend und erwiesen uns überhaupt als geradezu erfinderisch in Notsignalen. Endlich wurden wir von einigen auf der Westmole stehenden Lotsen bemerkt, die nun mit dem Finger drohten, aber doch auch, vergnüglich dreinschauend, uns schließlich ein Tau zuwarfen. Und damit waren wir aus der Gefahr heraus. Einer der Lotsen kannte mich, weil sein Junge zu meinen Spielgefährten gehörte. Das machte denn auch wohl, daß wir mit ein paar nicht allzu schlimmen Ehrentiteln davonkamen. Ich nahm meine Kanone unter den Arm und hatte noch die Befriedigung, sie bewundert zu sehen. Dann ging ich nach Hause, nachdem ich versprochen hatte, Hans Ketelböter, einen großen Schiffersjungen, der ganz in unsrer Nähe wohnte, hinauszuschicken, um das inzwischen an einem Pfahl befestigte Boot zurückzurudern. – Dies war unter den Wasserfährlichkeiten die aparteste, aber keineswegs die gefährlichste. Die gefährlichste war zugleich die alleralltäglichste, weil beim Baden in der See beständig wiederkehrende. Wer die Ostseebäder kennt, kennt auch die sogenannten "Reffs". Es werden darunter die hundert oder zweihundert Schritt in See hinein parallel mit dem Ufer laufenden und oft nur von wenig Wasser überspülten Sandstreifen verstanden, auf denen die Badenden, wenn sie die zwischenliegenden tiefen Stellen passiert haben, wieder ausruhen können. Und damit sie genau wissen, wo diese Stellen sind, sind rote Fähnchen auf diesen Sandriffen angebracht. Hier lag nun für mich die tägliche Verführung. War es still und alles normal, so reichten meine Schwimmkünste gerade aus, glücklich über die tiefen Stellen wegzukommen und das zunächst gelegene Reff zu erreichen, lag es aber minder günstig oder ließ ich mich wohl gar aus Zufall zu früh nieder, so daß ich keinen festen Grund unter den Füßen hatte, so war auch der Schreck und mitunter die Todesangst da. Glücklich bin ich jederzeit herausgekommen. Aber nicht durch mich. Kraft und Hilfe kam von woanders her.

Eine weitere Wassergefahr, die zu bestehen mir noch beschieden war, hatte nichts mit der See zu tun, sondern spielte sich auf dem Strome ab, dicht am Bollwerk, keine fünfhundert Schritt von unserm Hause. Davon erzähle ich auch noch in diesem Kapitel, aber zuvörderst schiebe ich hier ein anderes kleines Vorkommnis ein, bei dem kein Engel zu helfen brauchte.

Schwimmen konnte ich nicht recht und steuern und rudern auch nicht; zu *den* Dingen aber, auf die ich mich gut, ja sehr gut verstand, gehörte das Stelzenlaufen. Unserer Familientradition nach stammen wir, wie erzählt, aus der Gegend von Montpellier, während ich persönlich, meinem virtuosen Stelzenlaufen nach, eigentlich aus den Landes stammen müßte, wo die Menschen wie mit ihren Stelzen verwachsen sind und diese kaum abschnallen, wenn sie sich zur Ruhe legen. Also kurz und gut, ich war ein brillanter Stelzenläufer und hatte vor denen in der westlichen Garonnegegend, wo die sehr niedrigen "échasses" zu Hause sind, noch das voraus, daß ich den Kothurn nicht hoch genug kriegen konnte, denn die an der Innenseite meiner Stelzen befestigten Holzklötzchen saßen wohl drei Fuß hoch. Und nun unter Anlauf und gleichzeitiger Schräglegung und Einstemmung der beiden Stangen brachte ich es dahin, mich mit Sicherheit auf die Stelzenklötze hinaufschwingen und sofort meinen Riesenschritt antreten zu können. Für gewöhnlich war das nichts als eine brotlose Kunst, aber ein paarmal hatte ich doch Vorteil davon, indem ich mich, mit Hilfe meiner Stelzen, einem sich über mir zusammenziehenden Gewitter entziehen konnte. Das war in den Tagen, als Hauptmann Ferber, der bis dahin bei den "Neuchâtelern" gestanden, sich als Pensionär nach Swinemünde zurückgezogen hatte.

Ferber, den die Swinemünder um seiner Neuchâtelerschaft willen französierten und Teinturier nannten, war aus sehr guter Familie, wenn ich nicht irre, Sohn eines hohen Beamten im Finanzministerium, welcher letztere sich außerdem noch, aus den Anno dreizehner Kriegszeiten her, alter Beziehungen zum Hofe rühmen durfte. Dies war auch wohl Grund, daß dem Sohne, trotz Nichtadels und deutscher Abstammung (die Neuchâteler Offiziere waren damals noch vorwiegend französische Schweizer) der Eintritt in das Elitebataillon ermöglicht wurde.

Hier war er wohl gelitten, weil er klug, guter Kamerad und außerdem sogar Schriftsteller war. Er schrieb Novellen nach damals üblichen Mustern. Aber aller Wohlgelittenheit zum Trotz konnte er sich nicht halten, weil seine Vorliebe für Kaffee mit Kognak, die sich bald auf letzteren beschränkte, so rapide wuchs, daß er den Abschied nehmen mußte. Seine Übersiedlung nach Swinemünde hatte wohl darin ihren Grund, daß Seestädte für derartige Passionen besser passen als Binnenstädte. Kognakvorliebe fällt da weniger auf.

Gleichviel indessen was der Grund sein mochte, Ferber war an seinem neuen Wohnort bald ebenso beliebt wie vorher in Berlin, denn er hatte jene Charaktergütigkeit, die "der Flasche liebstes Kind" ist. Von meinem Papa hielt er sehr viel, was dieser erwiderte. Doch war diese Freundschaft nicht gleich von Anfang an da, sondern entwickelte sich erst aus einer kleinen Kontroverse bzw. Niederlage meines Vaters, zu dessen liebenswürdigen Eigentümlichkeiten es gehörte, seinen Ärger über eine "Deroute" spätestens nach vierundzwanzig Stunden in Anerkennung und beinahe Huldigung umzusetzen. Mit dieser Niederlage aber verhielt es sich so. Von seiten Ferbers war eines Tages behauptet worden, daß man wohl oder übel einen Deutschen als den "Vater der Französischen Revolution" ansehen müsse, denn Minister Necker, wenn auch in Genf geboren, sei der Sohn oder Enkel eines Küstriner Postmeisters gewesen – eine, so schien es meinem Vater, ganz stupende Behauptung, die denn auch seinerseits mit beinahe überheblicher Miene bekämpft worden war, bis sie sich schließlich als im wesentlichen richtig herausstellte. Da schlug denn sofort bei meinem Papa das aus seiner Überzeugung von seinem besseren Wissen erwachsene Selbstgefühl zunächst in Respekt, dann in Freundschaft um, und noch zwanzig Jahre später, wenn wir von unserem Oderbruchdorfe aus nach dem benachbarten Küstrin hineinfuhren, sagte er regelmäßig, ohne je bei Kronprinz Fritz oder Kattes Enthauptung zu verweilen: "Ja, hier aus Küstrin stammte auch Necker, den man den Vater der Französischen Revolution nennen kann. Das verdanke ich Ferber, Hauptmann Ferber, den wir Teinturier nannten. Schade, daß er von dem Aquavit nicht lassen konnte. Mitunter war es ein Jammer."

Ja, ein Jammer war es, nur nicht für uns Kinder, die wir, umgekehrt, immer in einen Jubel ausbrachen, wenn der Hauptmann, in oft ziemlich desolatem Kostüm, die große Kirchenstraße heraufgetaumelt kam, um irgendwo seine Frühstücksstunde fortzusetzen. Wir folgten ihm dann in kurzer Entfernung und neckten und reizten ihn so lange, bis er den einen oder andern von uns zu fangen und abzustrafen suchte. Mitunter gelang es ihm auch; ich aber entkam ihm jedesmal mit Leichtigkeit, weil ich für meine Neckereien immer nur solche Tage wählte, wo es kurz vorher geregnet hatte. Dann stand auf dem Straßendamme, zwischen unserm Haus und der Kirche drüben, ein ungeheurer Wasserpfuhl, der nun mein Nothafen wurde. Meine Stelzen schräg unterm Arm, sprang ich auf diese, sobald ich merkte, daß mir Teinturier trotz seines Zustandes dicht auf den Fersen war, mit einem raschen Ruck hinauf und marschierte nun triumphierend in den Wasserpfuhl hinein. Da stand ich dann wie ein Storch auf einem Stelzen und präsentierte mit dem andern unter fortgesetzter Verhöhnung. Fluchend und drohend zog er weiter, der arme Hauptmann. Aber er hütete sich, seine Drohung wahrzumachen, weil er sich in seinen guten Stunden nicht gern an die schlimmen erinnern mochte.

Wir hatten verschiedene Spielplätze. Der uns liebste war aber wohl der am Bollwerk, und zwar gerade da, wo die mehrerwähnte von unserm Hause abzweigende Seitenstraße einmündete. Die ganze Stelle war sehr malerisch, besonders auch im Winter, wo hier die festgelegten und ihrer Obermasten entkleideten Schiffe lagen, oft drei hintereinander, also bis ziemlich weit in den Strom hinein. Uns hier am Bollwerk herumzutummeln und auf den ausgespannten Tauen, so weit sie dicht über dem Erdboden hinliefen, unsere Seiltänzerkünste zu üben, war uns gestattet, und nur eines stand unter Verbot: wir durften nicht auf die Schiffe gehn und am wenigsten die Strickleiter hinauf bis in den Mastkorb klettern. Ein sehr vernünftiges Verbot. Aber je vernünftiger es war, desto größer war unser Verlangen, es zu übertreten, und bei "Räuber und Wandersmann", das wir alle sehr liebten, verstand sich diese Übertretung beinahe von selbst. Entdeckung lag überdies außerhalb der Wahrscheinlichkeit; die Eltern waren entweder bei ihrer "Partie" oder zu Tisch geladen. "Also nur vorwärts. Und petzt einer, so kommt er noch schlimmer weg als wir."

So dachten wir auch eines Sonntags im April 31. Es muß um diese Jahreszeit gewesen sein, weil mir noch der klare und kalte Luftton vor Augen steht. Auf dem Schiffe war keine Spur von Leben und am Bollwerk keine Menschenseele zu sehen, was mir des ferneren beweist, daß es ein Sonntag war.

Ich, als der älteste und stärkste, war natürlich Räuber, und acht oder zehn kleinere Jungens – unter denen nur ein einziger, ein Illegitimer, der, wie zu Begleichung seiner Geburt, Fritz Ehrlich hieß, es einigermaßen mit mir aufnehmen konnte – waren schon vom Kirchplatz her, wo wie gewöhnlich die Jagd begonnen hatte, dicht hinter mir her. Ziemlich abgejagt kam ich am Bollwerk an, und weil es hier keinen anderen Ausweg für mich gab, lief ich, über eine breite und feste Bohlenlage fort, auf das zunächstliegende Schiff hinauf. Die ganze Meute mir nach, was natürlich zur Folge hatte, daß ich vom ersten Schiff alsbald aufs zweite und vom zweiten aufs dritte mußte. Da ging es nun nicht weiter, und wenn ich mich meiner Feinde trotzdem erwehren wollte, so blieb mir nichts anderes übrig, als auf dem Schiffe selbst nach einem Versteck oder wenigstens nach einer schwer zugänglichen Stelle zu suchen. Und ich fand auch so was, und kletterte auf den etwa mannshohen, neben der Kajüte befindlichen Oberbau hinauf, darin sich neben andren Räumlichkeiten gemeinhin auch die Schiffsküche zu befinden pflegte. Etliche in die steile Wandung eingelegte Stufen erleichterten es mir. Und da stand ich nun oben, momentan geborgen, und sah als Sieger auf meine Verfolger. Aber das Siegesgefühl konnte nicht lange dauern; die Stufen waren wie für mich so auch für andre da, und in kürzester Frist stand Fritz Ehrlich ebenfalls oben. Ich war verloren, wenn ich nicht auch jetzt noch einen Ausweg fand, und mit aller Kraft und soweit der schmale Raum es zuließ einen Anlauf nehmend, sprang ich, von dem Küchenbau her, über die zwischenliegende Wasserspalte hinweg auf das zweite Schiff zurück und jagte nun wie von allen Furien verfolgt wieder aufs Ufer zu. Und nun hatte ich's, und den Freiplatz vor unsrem Hause zu gewinnen, war nur noch ein kleines für mich. Aber ich sollte meiner Freude darüber nicht lange froh werden, denn im selben Augenblicke fast, wo ich wieder festen Boden unter meinen Füßen hatte, hörte ich auch schon von dem dritten und zweiten Schiff her ein jämmerliches Schreien und dazwischen meinen Namen, so daß ich wohl merkte, da müsse was passiert sein. Und so schnell wie ich eben über die polternde Bohlenlage ans Ufer gekommen, ebensoschnell ging es auch wieder über dieselbe zurück. Es war höchste Zeit. Fritz Ehrlich hatte mir den Sprung von der Küche her nachmachen wollen und war dabei, weil er zu kurz sprang, in die zwischen dem dritten und zweiten Schiff befindliche Wasserspalte gefallen. Da steckte nun der arme Junge, mit seinen Nägeln in die Schiffsritzen hineingreifend; denn an schwimmen, wenn er überhaupt schwimmen konnte, war nicht zu denken. Dazu das eiskalte Wasser. Ihn von obenher so ohne weiteres abzureichen war unmöglich, und so griff ich denn nach einem von der einen Strickleiter etwas herabhängenden Tau und ließ mich, meinen Körper durch allerlei Künste nach Möglichkeit verlängernd, an der Schiffswand so weit herab, daß Fritz Ehrlich meinen am weitesten nach unten reichenden linken Fuß gerade noch fassen konnte.

Oben hielt ich mich mit der rechten Hand. "Pack zu, Fritz." Aber der brave Junge, der wohl einsehen mochte, daß wir beide verloren waren, wenn er wirklich fest zupackte, beschränkte sich darauf, seine Hand leise auf meine Stiefelspitze zu legen, und so wenig dies war, so war es doch gerade genug für ihn, sich über Wasser zu halten. Vielleicht war er auch aus natürlicher Veranlagung ein sogenannter

"Wassertreter" oder hatte, was schließlich noch wahrscheinlicher, das bekannte Glück der Illegitimen. Gleichviel, er blieb in der Schwebe, bis Leute vom Ufer her herankamen und ihm einen Bootshaken herunterreichten, während andre ein an "Hannemanns Klapp" liegendes Boot losmachten und in den Zwischenraum hineinfuhren, um ihn da herauszufischen. Ich meinerseits war in dem Augenblick, wo der rettende Bootshaken kam, von einem mir Unbekannten, von oben her, am Kragen gepackt und mit einem strammen Ruck wieder auf Deck gehoben worden. Von Vorwürfen, die sonst bei solchen Gelegenheiten nicht ausbleiben, war diesmal keine Rede. Den triefenden, von Schüttelfrost gepackten Fritz Ehrlich brachten die Leute nach einem ganz in der Nähe gelegenen Hause, während wir andern in kleinlauter Stimmung unsren Heimweg antraten. Ich freilich auch gehoben, trotzdem ich wenig Gutes von der Zukunft erwartete.

Meine Befürchtungen erfüllten sich aber nicht. Im Gegenteil.

Am andern Vormittag, als ich in die Schule wollte, stand mein Vater schon im Hausflur und hielt mich fest, denn Nachbar Pietzker, der gute Zipfelmützenmann, hatte wieder geplaudert. Freilich mehr denn je in guter Absicht.

"Habe von der Geschichte gehört..." sagte mein Vater. "Alle Wetter, daß du nicht gehorchen kannst. Aber es soll hingehen, weil du dich gut benommen hast. Weiß alles. Pietzker drüben..."

Und damit war ich entlassen.

Wie gerne denk' ich daran zurück, nicht um mich in meiner Heldentat zu sonnen, sondern in Dank und Liebe zu meinem Vater. So muß Erziehung sein. Der liebenswürdige Mann, wenn er zum Strafen abkommandiert wurde, traf er's nicht immer glücklich, wenn er aber seinem unmittelbaren Gefühle folgen konnte, traf er's desto besser.

Sechzehntes Kapitel

Vierzig Jahre später
Ein Intermezzo

Wie der Leser schon aus der Kapitelüberschrift entnehmen wird, habe ich vor, in dem unmittelbar Nachstehenden mich weit jenseits der hier zu schildernden

Swinemünder Tage niederzulassen, welches Vorhaben mit dem Wunsche zusammenhängt, das Charakterbild meines Vaters nach Möglichkeit zu vervollständigen, will sagen, nach *oben* hin abzurunden. *Denn wie er ganz zuletzt war, so war er eigentlich.*

In dem bis hierher dem Leser vorgeführten und zugleich den eigentlichen Inhalt des Buches ausmachenden Zeitabschnitte, nach dem ich denn auch das Ganze ›Meine Kinderjahre‹ betitelt habe, war mein Vater noch sehr jung, wenig über dreißig, und stand im Leben und in Irrtümern; in seinen alten Tagen aber – und um eben deshalb greif' ich hier, in einem Exkurse, so weit vor – waren des Lebens Irrtümer von ihm abgefallen, und je bescheidener sich im Laufe der Jahre seine Verhältnisse gestaltet hatten, desto gütiger und persönlich anspruchsloser war er geworden, immer bereit, aus seiner eigenen bedrückten Lage heraus noch nach Möglichkeit zu helfen. In Klagen sich zu ergehen, fiel ihm nicht ein, noch weniger in Anklagen (höchstens mal gegen sich selbst), und dem Leben abgewandt, seinen Tod ruhig erwartend, verbrachte er seine letzten Tage comme philosophe.

Ich besuchte ihn alle Jahre einmal, und von meinem letzten Besuche bei ihm, der in den Sommer 67 fiel, möchte ich hier erzählen.

Er wohnte damals, schon zehn oder zwölf Jahre lang, in Nähe von Freienwalde, und zwar in einer an der alten Oder gelegenen Schifferkolonie, die den Namen ›Schiffmühle‹ führte und ein Anhängsel des Dorfes Neu-Tornow war. Vereinzelte Häuser waren da, in großen Abständen voneinander, an dem träg vorüberschleichenden und von gelben und weißen Mummeln überwachsenen Flusse hin, während sich unmittelbar hinter der Häuserreihe ziemlich hohe, hoch oben mit einem Fichtenwalde besetzte Sandberge zogen. Genau da, wo eine prächtige alte Holzbrücke den von Freienwalde her heranführenden Dammweg auf die Neu-Tornowsche Flußseite fortsetzte, stand das Haus meines Vaters. Von welchen Erträgen er es erstanden hatte, weiß ich bis diesen Tag nicht, denn als er es kaufte, war er nicht eigentlich mehr ein Mann der Häuserkaufmöglichkeiten, wenn das erstandene Haus auch freilich nur ein bescheidenes Häuschen war. Wie's aber auch damit stehen mochte, er nannte dies Haus sein eigen und *"klein aber mein"*, diese hübsche Inschrift, die das Prinz-Friedrich-Karlsche Jagdschloß Dreilinden ziert, hätt' auch er diesem seinem Häuschen geben können. Er bewohnte dasselbe mit einer Haushälterin von mittleren Jahren, die nach dem Satze lebte: "Selig sind die Einfältigen", aber einen etwas weitgehenden Gebrauch davon machte. Seine Trauer darüber war humoristisch rührend, denn das Bedürfnis nach Aussprache blieb ihm bis zuletzt. Glücklicherweise hatte er sich schon vorher an Selbstgespräche gewöhnt. Er dachte laut; das war immer seine Aushilfe.

Ich hatte mich, wie gewöhnlich, bei ihm angemeldet, machte zunächst die reizende Fahrt bis Eberswalde per Bahn, dann die reizendere bis Freienwalde selbst in einem offenen Wagen und schritt nun auf einem von alten Weiden eingefaßten Damm auf Schiffmühle zu, dessen blanke rote Dächer ich gleich beim Heraustreten aus der Stadt vor Augen hatte. Der Weg war nicht weiter als eine gute halbe Stunde, Rapsfelder links und rechts, einzelne mit Storchnestern besetzte Gehöfte weit über die Niederung hin verstreut und als Abschluß des Bildes jene schon erwähnte, jenseits der alten Oder ansteigende Reihe von Sandbergen. Als ich bis in Nähe der Brücke war, war natürlich auch die Frage da: "Wie wirst du den Alten finden?" Aber eh ich mir noch darauf Antwort geben konnte, sah ich ihn auch schon. Er hatte, von der Giebelstube seines Hauses her, mein Herankommen beobachtet, und als ich eben meinen Fuß auf die vorderste Brückenbohle setzen wollte, stand er auch schon an der anderen Seite der Brücke, mit seiner linken Hand zu mir herüberwinkend. Er hatte sich, seit er in Einsamkeit lebte, daran gewöhnt, die Kostümfrage etwas obenhin zu behandeln, und so war ich nicht überrascht, ihn an diesem warmen Junitage bis an eine äußerste Grenze freiheitlicher Behandlung gelangt zu sehen. Er trug graue Leinwandhosen und einen dito Drillichrock, unter dem, denn er haßte alles Zuknöpfen, ein Nachthemd mit umgeklapptem Kragen sichtbar wurde, was alles unbedingt ans Turnerische gemahnt hätte, wenn es weißer gewesen wäre. Auf dem Kopfe saß ein Käpsel, grün mit einer schwarzen Ranke darum, und das einzige, was auf vergangene bessere Zeiten deutete, war ein wunderschönes Bambusrohr mit einem Elfenbeinknopf oben und einer unverhältnismäßig langen Metallzwinge, so daß man eigentlich einen "poignard" darunter vermuten mußte. Was aber nicht zutraf.

Jetzt hatten wir uns und gaben uns einen Kuß auf die linke Backe. "Nun, das ist recht, daß du da bist. Was macht deine Frau? Und die Kinder?" Er wartete aber keine Antwort ab, denn solche Familienfragen, wenn es nicht gleich ans Sterben ging, interessierten ihn wenig, und so fuhr er dann fort: "Es ist das Leben eines Einsiedlers, das ich führe, ja, man könnte schon von Anachoreten sprechen, die ich mir, übrigens vielleicht mit Unrecht, als gesteigerte Einsiedler denke. Fremdwörter haben fast immer was Gesteigertes. Nun, wir reden noch davon. Ein Glück, daß du so gutes Wetter getroffen hast, das reine Hohenzollernwetter. Du schreibst ja auch so viel über die Hohenzollern und nimmst drum vielleicht an ihrem Wetter teil; es lohnt sich alles. Ich, für meine Person, halte an Napoleon fest; er war das größere Genie. Weißt du denn, daß Prinz Wilhelm – ich meine den alten, das heißt den ganz alten, der immer die Schwedter-Dragoner-Uniform trug, hellblau, mit schwarzem Kragen, und soll ein aufrichtig frommer Mann gewesen sein, denn auf die Aufrichtigkeit kommt es an – weißt du denn, daß Prinz Wilhelm immer die Büste Napoleons vor Augen hatte? Noch dazu auf seinem Schreibtisch?"

"Ja, ich Weiß es, Papa; du hast mir öfter davon erzählt."

"Öfter davon erzählt", wiederholte er. "Ja, das wird wohl richtig sein. Ich lerne nichts mehr dazu, habe bloß immer noch die alten Geschichten, aber eigentlich sind das die besten. Entsinnst du dich noch? Lannes und Latour d'Auvergne und Michel Ney? Ja, mein Freund Michel Ney, der kommt mir jetzt wieder öfter in den Sinn, und ich seh' ihn dann immer, wie sie ihn an die Gartenmauer stellten – in dem öden und einsamen Luxembourggarten und war gerad ein recht klatschiges Dezemberwetter – und wie dann der Offizier, der das Peloton kommandierte, noch einmal das Kriegsgerichtsurteil vorlesen wollte mit all den Prinzen- und Herzogstiteln, wie da mein Freund Ney abwehrte und unterbrach und mit seiner tiefen Stimme sagte: ›Pourquoi tous ces titres?... Michel Ney... rien de plus... et bientôt un peu de poudre.‹ Und dann fielen die Schüsse. Ja, bald bloß noch ein bißchen Staub. Eigentlich paßt es auf jeden und zu jeder Stunde. Und wenn man nun gar einundsiebzig is..."

"Ach, Papa, daran mußt du nicht denken."

"Ich mag auch nicht, der Tod ist etwas Grusliges. Aber man mag wollen oder nicht, er meldet sich, er ist um einen 'rum, er ist da. Aber lassen wir den Tod. Tod ist ein schlechtes Wort, wenn man eben in ein Haus eintreten will. Und da kommt ja auch Luise, dich zu begrüßen. Sei nur recht freundlich, auch wenn sie was Dummes sagt. Und darauf kannst du dich verlassen."

Unter diesen Worten und während mein Vater vom Flur aus, in den wir grad' eingetreten waren, treppauf stieg, um sich in seiner äußeren Erscheinung ein ganz klein wenig zu verbessern, war die eben angekündigte Luise wirklich auf mich zugekommen und erzählte mir, in übrigens durchaus verständiger Weise, daß sich der Papa schon seit zwei Tagen auf meinen Besuch gefreut habe. Natürlich, er habe ja sonst nichts; sie höre zwar immer zu, wenn er was sage, aber sie sei doch nur dumm.

"Ach, Luise reden Sie doch nicht so was. Das wird ja so schlimm nicht sein. Jeder ist klug, und jeder ist dumm. Und ich wette, Sie haben wieder einen Eierkuchen gebacken."

"Hab' ich auch."

"Nun sehn Sie. Was heißt da klug oder nicht klug? Papa kann froh sein, daß er Sie hat."

"Bin ich auch", sagte dieser, der, während wir so sprachen, in einem aus einer weit zurückliegenden Zeit stammenden und deshalb längst zu eng gewordenen Rocke von seiner Giebelstube her wieder nach unten kam. "Bin ich auch. Luise ist eine gute Person. Mitunter allerdings schrecklich; aber bei Lichte besehn, ist alles mal schrecklich, und es wäre ungerecht, wenn ich gerade von Luise den Ausnahmefall verlangen wollte."

Luise selbst hatte sich inzwischen wieder in ihre Küche zurückgezogen, während mein Vater und ich in dem wundervoll kühlen Hausflur auf und ab schritten. Licht und Schatten spielten dabei um uns her. Die Türen standen auf und gestatteten einen Einblick in das ganze Hausgewese. Zu jeder Seite lagen zwei Räume, rechts die meines Papas, links Luisens Stube und die Küche. "Laß uns hier eintreten", sagte mein Vater und führte mich in seine nach dem Hofe hinaus gelegene Schlafstube, drin sich außer einem sehr breiten Fenster auch noch ein ganz kleines Extrafenster befand, ein bloßes Kuckloch, das immer aufstand und vor dem ein Gardinchen im Winde wehte.

"Da seh ich wieder das Kuckloch. Und steht auch wieder auf. Erkältest du dich nicht?"

"Nein, mein Jung'. Und jedenfalls, es läßt sich nicht anders tun. Wenn ich das Fensterchen zumache, krieg' ich keine Luft. Und nachts... Gefahr is nicht... 'reinstehlen kann sich keiner; solche dünne Kerle gibt es gar nicht. Und dann hab' ich ja auch die Pistole."

"Ist es immer noch die alte, die nicht losgeht?"

"Natürlich. Auf das Losgehn kommt es bei Pistolen auch gar nicht an. Die moralische Wirkung entscheidet dabei. Das Moralische entscheidet überhaupt."

"Meinst du?"

"Ja, das mein' ich. Ich bin erst spät dahinter gekommen, aber besser spät als gar nicht. Und nun komm in die Vorderstube. Ich merke, Luise hat schon aufgetragen, und wenn mich meine Sinne nicht täuschen, übrigens bin ich auch ein bißchen eingeweiht, so ist es eine geschmorte Kalbsbrust. Erster Gang. Ißt du so was?"

"Gewiß eß ich so was. Kalbsbrust ist ja das allerfeinste, besonders was so dicht dran sitzt."

"Ganz mein Fall. Es ist doch merkwürdig, wie sich so alles forterbt. Ich meine jetzt nicht im großen, da ist es am Ende nicht so merkwürdig. Aber so im kleinen. Kalbsbrust ist doch am Ende was Kleines."

"Ja und nein."

"Das ist recht. Daran erkenn ich dich auch. Man kann nicht so ohne weiteres sagen, Kalbsbrust sei was Kleines. Und nun wollen wir anstoßen. Es ist noch Rotwein aus Stettin; die Stettiner manschen am besten. Was Echtes gibt es überhaupt nicht mehr. Weißt du noch den alten Flemming mit seinem echten Bordeaux? Er nannt' ihn immer bloß Medoc; ihm so ohne weiteres einen vollfranzösischen Zunamen zu geben, so weit wollt' er doch nicht gehn. Medoc ist übrigens ein wirklicher Ort, freilich sehr klein, höchstens 1400 Einwohner... Ja, der alte Flemming, ein vorzüglicher Herr. Ist nun auch schon zur großen Armee. Alles marschiert ab... Na, ewig kann es nicht dauern."

Und nun stießen wir an, und ich sah, daß es wieder die schönen Pokalgläser aus der alten Swinemünder Zeit waren. "Sind das nicht..."

"Gewiß. Und ich freue mich, daß du sie wiedererkennst. Zwei sind nur noch davon da, aber mehr als zwei brauch ich auch nicht, denn mehr als einen Gast kann ich in dieser meiner Hütte nicht beherbergen. Und am liebsten ist es mir, wenn du kommst. Und nun krame mal aus. Was sagst du zur Weltausstellung? Die Franzosen machen so was doch immer am besten. Und dazu die Rede von dem Louis Napoleon! Er hat doch so was von dem Alten. Und hat auch darin ganz recht, daß im Leben, das heißt im Leben eines Volkes, alles untereinander zusammenhängt und übereinstimmt, und daß da, wo es die besten Generäle gibt, es auch die besten Maler gibt, oder die besten Schneider und Schuster. Und umgekehrt."

"Ich habe wenig davon gelesen, und ich kann mich nicht recht entsinnen."

"Immer dieselbe Geschichte", lachte mein Vater. "Nicht gelesen. Und wenn ich nun bedenke, daß du ein Zeitungsmensch bist! Da denkt man, die hören das Gras wachsen, und jedesmal, wenn du mich besuchst, seh ich, daß ich besser beschlagen bin als du. Überhaupt, wie's in der Welt aussieht, davon hab' ich doch immer am meisten gewußt. So war es schon, als ich noch jung war, in Ruppin und in

Swinemünde. Die Swinemünder, na, das ging noch; solch flotter, fideler Schiffsreeder, der mal nach London und mal nach Kopenhagen fährt, na, der hat doch immer ein bißchen Wind weg; aber die Ruppiner Schulprofessoren..., es hat mich mitunter geniert, wie viel besser ich alles wußte. Natürlich Horaz und die unregelmäßigen Verba ausgenommen. Da war zum Beispiel der alte Starke. Dessen Steckenpferd war Aristoteles, und was Aristoteles lange vergessen hatte, das wußte Starke. Aber das, worauf es ankommt, das wußt' er nicht. Ich lass' es mir nicht abstreiten, unsere Schule geht falsche Wege; die Menschen lernen nicht das, was sie lernen sollen. Ney ist doch interessanter als Pelopidas. Und es kommt auch noch... Aber da bringt uns Luise die Omelette. Nimm nur die helle Hälfte, die andere Hälfte ist etwas verbrannt. Und wenn wir hier fertig sind, dann will ich dir meinen Hof zeigen und meinen Steinbruch. Und dann machen wir einen Spaziergang auf Neuenhagen zu. Bei so schönem Wetter kann ich marschieren ohne große Beschwerde."

So ging es noch eine Weite weiter, und dann standen wir auf, um, nach seinem Programm, alles in Augenschein zu nehmen. Zuerst also den Hof. Es sah alles ziemlich kahl aus, und ich bemerkte zunächst bloß einen Sägebock mit einer Buchenholzklobe darauf, daneben Säge und Axt. Er wies darauf hin und sagte: "Du weißt, alte Passion und ersetzt mir nach wie vor die Bewegung... Aber nun komm hierher;... du hörst sie wohl schon."

Und unter diesen Worten schritt er mit mir auf einen niedrigen Stall zu und schlug hier eine Klapptür auf, hinter der ich nun zwei Schweine ihre Köpfe vorstrecken sah. "Was sagst du dazu? Prächtige Kerls. Wenn sie mich hören, werden sie wie wild vor Vergnügen und können's nicht abwarten."

"Du wirst sie wohl verwöhnen. Mama und die Schröder sagten auch immer, du verfuttertest bei den Biestern mehr, als sie nachher einbrächten."

"Ja, die Schröder; eine gute treue Seele. Mich konnte sie nicht recht leiden, weil ich die besten Bratenstücke mitunter an Peter und Petrine gab, weißt du noch?"

Ich nickte.

"Ja, damals waren es die Katzen. Etwas muß der Mensch haben. Nun sind es *die* da;... na, gleich, gleich; beruhigt euch nur."

Und dabei bückte er sich und fing an, seine Lieblinge zu krauen. Er erzählte mir dann noch allerhand von der Klugheit der Tiere, deren innerer Bau übrigens, wie jetzt wissenschaftlich feststehe, dem des Menschen am nächsten komme. "Sus Scrofa und Homo sapiens – es kann einem doch zu denken geben."

Und nun nahm er mich unterm Arm und ging mit mir auf eine mitten im Hofzaun angebrachte Gittertür zu, hinter der ein schmaler Zickzackweg den Sandberg hinaufführte. Links und rechts waren tiefe Löcher gegraben, in denen Feldsteine von beträchtlicher Größe mit ihrer Oberhälfte sichtbar wurden.

"Läßt du die ausgraben, Papa?"

"Versteht sich, das ist jetzt eine Haupteinnahme von mir; ich kümmere mich dabei um nichts, ich gebe bloß die Erlaubnis, und dann kommen die Kerls und buddeln solchen Stein aus, das heißt, viele Steine und schaffen sie dann in ihren Kahn, und ich kriege mein Geld. Gott segne den Chauseebau. Daß das Geld im Boden liegt, ist doch wahr, und wenn auch weiter nichts dabei herauskommt als eine Ladung Steine."

Dabei waren wir den Zickzackweg hinauf und traten in den schon mehrerwähnten Fichtenwald ein, der den ganzen Bergrücken, eigentlich schon ein Plateau, überdeckte. Ein Säuseln ging durch die Kronen, und ich sagte, während ich in die Höhe blickte, so vor mich hin: "Und in Poseidons Fichtenhain tritt er mit frommem Schauder ein."

Er klopfte mich sofort zärtlich auf die Schulter, weil er heraus empfand, daß ich die zwei Zeilen bloß ihm zuliebe zitierte. "Ja, das war immer meine Lieblingsstelle. Für gewöhnlich lernten wir damals, als ich noch jeden Morgen von Schloß Nieder-Schönhausen ins Graue Kloster mußte, nur ›Johann den muntern Seifensieder‹ und ›Gott grüß Euch, Alter, schmeckt das Pfeifchen‹, und Schiller war damals noch nicht halb so berühmt wie jetzt und noch nicht sozusagen unter den Heroen. Aber ›Die Kraniche des Ibykus‹ habe ich doch damals schon gelernt und ist mir auch sitzengeblieben. Es muß so was drin sein. Hast du denn auch alles behalten von früher?"

"Na, es geht. Eigentlich ist es merkwürdig, daß noch so viel sitzenbleibt."

"Da hast du recht."

Und nun traten wir aus dem Wald auf eine breite geradlinige Chaussee heraus, die von Ebereschenbäumen eingefaßt war.

"Das ist ja eine wundervolle Chaussee für solche Gegend", sagte ich. "Wo läuft die denn hin?"

"Die läuft, glaube ich, auf Oderberg zu; aber zunächst läuft sie hier bis Neuenhagen."

"Neuenhagen. Du nanntest es schon vorhin. Ja, da bin ich vor Jahren auch einmal gewesen und hat mich alles ganz ungemein interessiert. Da liegt nämlich, was du vielleicht nicht weißt, Hippolyta von Uchtenhagen begraben und hat einen schönen Grabstein. Ich glaube so um 1590 herum. Damals gab man noch Geld für so was aus. Aber was mir in Neuenhagen, als ich damals hinkam, noch interessanter war, das war eine kleine Stube, darin die Schweden einen Neuenhagner Amtmann am Strohfeuer geröstet hatten. Richtiger Dreißigjähriger Krieg. Und jetzt, denke dir, jetzt schlafen die Leute darin. Ich erschrak ordentlich darüber und sagte, daß ich mir eine andere Schlafstube ausgesucht haben würde."

Mein Papa nickte zustimmend.

"Ja, am Strohfeuer geröstet", wiederholte ich. "Und das alles, denn sie wollten's dem Amtmann abzwacken, um des verdammten Geldes willen."

"Ja, das verdammte Geld!" sagte mein Vater. "Es ist schon recht und ist auch oft wirklich bloß ein verdammtes Geld. Aber es gibt auch ein gutes Geld, und ich mache mir jetzt mitunter so meine Gedanken darüber. Man soll nicht einen Amtmann rösten, um es zu kriegen; aber wenn man was hat, dann soll man's festhalten. Geld ist doch was, ist eine Macht. Und ihr habt nun alle nichts."

"Ach, Papa, rede doch nicht davon. Du weißt ja, es ist uns ganz egal."

"Dir vielleicht, aber nicht deiner Mama."

"Sie hat sich nun auch darin gefunden."

"Darin gefunden! Sieh, mein Junge, da liegt die Anklage, und die alte Frau hat auch ganz recht. Das sag' ich mir jetzt alle Tage, wenn ich da unten mit meiner Luise sitze und ihr mein Weltsystem entwickele, weil ich keinen andern habe, dem ich es vortragen kann, und wenn dann die beste Stelle kommt und ich mit einem Male sage: ›Nicht wahr, Luise?‹ sieh, dann fährt sie zusammen oder sitzt da wie ein Zaunpfahl."

"Es wird dir schwerer als uns, Papa."

"Wohl möglich. Und es würde mir noch schwerer, wenn ich mir nicht sagte: die Verhältnisse machen den Menschen."

"Das sagtest du schon, wie wir noch Kinder waren. Und gewiß ist es richtig."

"Ja, richtig ist es. Aber damals, ich kann so zu dir sprechen, denn du bist ja nun selber schon ein alter Knabe, damals sagte ich es so hin und dachte mir nicht viel dabei. Jetzt aber, wenn ich meinen alten Lieblingssatz ausspiele, tu ich's mit Überzeugung. So ganz kann es einen freilich nicht beruhigen. Aber doch beinah, doch ein bißchen."

Ich nahm seine Hand und streichelte sie.

"Das ist recht. Ihr habt eine Tugend, ihr seid alle nicht begehrlich, nicht happig. Aber da wir nun mal dabei sind und ich nicht weiß, wie lang ich auf dieser sublunarischen Welt noch wandle, so möcht' ich doch über all diese Dinge noch ein Wort zu dir sagen. Es gibt immer noch ein paar Leute, die denken, das jeu sei schuld gewesen. Ich sage dir, das ist Unsinn. Das war nur so das zweite, die Folge. Schuld war, was eigentlich sonst das Beste ist, meine Jugend, und wenn es nicht lächerlich wäre, so möcht' ich sagen, neben meiner Jugend meine Unschuld. Ich war wie das Lämmlein auf der Weide, das 'rumsprang, bis es die Beine brach."

Er blieb einen Augenblick stehen, denn er litt an asthmatischen Beschwerden, und ich mahnte ihn, daß es wohl Zeit sei, umzukehren.

"Ja, laß uns umkehren; wir haben dann den Wind im Rücken, und da spricht es sich besser. Und ich habe doch noch dies und das auf dem Herzen. Ich sagte eben, meine Jugend war schuld. Und das ist auch richtig. Sieh, ich hatte noch nicht ausgelernt, da ging ich schon in den Krieg, und ich war noch nicht lange wieder da, da verlobte ich mich schon. Und an meinem dreiundzwanzigsten Geburtstag habe ich mich verheiratet und als ich vierundzwanzig wurde, da lagst du schon in der Wiege."

"Mir ist es lieb, daß du so jung warst."

"Ja, alles hat seine zwei Seiten, und es hat wohl auch seine Vorteile gehabt, daß ich nicht morsch und mürbe war. Aber das mit der Unerfahrenheit bleibt doch ein schlimmes Ding, und das allerschlimmste war, daß ich nichts zu tun hatte. Da konnt' ich's denn kaum abwarten, bis abends der verdammte Tisch aufgeklappt wurde."

"Sonderbar, ich habe so vieles von dir geerbt, aber davon keine Spur. Spiel war mir immer langweilig."

Er lachte wehmütig. "Ach, mein lieber Junge, da täuschst du dich sehr, wenn du meinst, daß wir darin voneinander abweichen. Es hat mir auch nie Vergnügen gemacht, auch nicht ein bißchen. Und ich spielte noch dazu herzlich schlecht.

Aber wenn ich mich dann den ganzen Tag über gelangweilt hatte, wollt' ich am Abend wenigstens einen Wechsel verspüren, und dabei bin ich mein Geld losgeworden und sitze nun hier einsam, und deine Mutter erschrickt vor dem Gedanken, ich könnte mich wieder bei ihr einfinden. Es sind nun beinah fünfzig Jahre, daß wir uns verlobten, und sie schrieb mir damals zärtliche Briefe; denn sie liebte mich. Und das ist nun der Ausgang. Zuneigung allein ist nicht genug zum Heiraten; heiraten ist eine Sache für vernünftige Menschen. Ich hatte noch nicht die Jahre, vernünftig zu sein."

"Ist es dir recht, wenn ich der Mama das alles wiedererzähle?"

"Gewiß ist es mir recht, trotzdem es ihr nichts Neues ist. Denn es sind eigentlich ihre Worte. Sie hat nur die Genugtuung, daß ich sie mir zu guter Letzt zu eigen gemacht habe. Sie hat recht gehabt in allem, in ihren Worten und in ihrem Tun."

Er sprach noch eine Weile so weiter. Dann kamen wir an die Stelle, wo die Chaussee aus dem Walde wieder niederstieg, zunächst auf den Fluß und die Bohlenbrücke zu. Jenseits der Brücke dehnte sich dann das Bruch in seiner Sommerschönheit; diesseits aber lag als nächstes das Wohnhaus meines Vaters, aus dessen Schornstein eben ein heller Rauch in der Nachmittagssonne aufkräuselte.

"Da sind wir wieder, und Luise kocht nun wohl schon den Kaffee. Darauf versteht sie sich. ›Ist die Blume noch so klein, etwas Honig sitzt darein.‹ Oder so ähnlich. Man kann nicht alle Verse auswendig wissen. Und lobe nur den Kaffee, sonst erzählt sie mir dreißigmal, es habe dir nicht geschmeckt. Und wenn ich Glück habe, weint sie auch noch dazu."

Als wir ins Haus traten, war die Kaffeedecke bereits aufgelegt, und die Tassen standen schon da, dazu, faute de mieux, kleine Teebrötchen; denn Schiffmühle war keine Bäckergegend, und nur einmal des Tages kam die Semmelfrau. Dazu hatten wir schönes Quellwasser, das aus dem Sandberg kam.

Als fünf Uhr heran war, mußt' ich wieder fort. "Ich begleite dich noch", und so bracht' er mich bis über die Brücke.

"Nun lebe wohl und laß dich noch mal sehen." Er sagte das mit bewegter Stimme; denn er hatte die Vorahnung, daß dies der Abschied sei.

"Ich komme wieder, recht bald."

Er nahm das grüne Käpsel ab und winkte.

Und ich kam auch bald wieder.

Es war in den ersten Oktobertagen, und oben auf dem Bergrücken, da, wo wir von "Poseidons Fichtenhain" gescherzt hatten, ruht er nun aus von Lebens Lust und Müh.

Siebzehntes Kapitel
Allerlei Gewölk

Ich schloß das vorletzte (fünfzehnte) Kapitel mit einem glücklichen Erziehungsakt meines Vaters; mit einem *nicht*glücklichen meiner Mutter habe ich dies neue Kapitel zu beginnen.

Weihnachten rückte heran und schon die ganze Woche vorher hieß es: "Aber *dies*mal wird es eine Freude sein,... so was Schönes", und wenn ich dann mehr wissen wollte, setzte die gute Schröder hinzu: "Gerade was du dir gewünscht hast... Die Mama ist viel zu gut; denn eigentlich seid ihr doch bloß Rangen."

"Aber was is es denn?"

"Abwarten."

Und so fieberhaft gespannt sahen wir dem Heiligabend entgegen. Endlich war er da. Wie herkömmlich verbrachten wir die Stunde vor der eigentlichen Bescherung in dem kleinen, nach dem Garten hinaus gelegenen Wohnzimmer meines Vaters, das absichtlich ohne Licht blieb, um dann den brennenden Weihnachtsbaum, den meine Mama mittlerweile zurechtmachte, desto glänzender erscheinen zu lassen. Mein Vater unterhielt uns während dieser Dunkelstunde, so gut er konnte, was ihm jedesmal blutsauer wurde. Denn wiewohl er unter Umständen, wie vielleicht nur allzuoft hervorgehoben, in reizendster Weise mit uns plaudern und uns durch freie Einfälle, die wir verstanden oder auch nicht verstanden, zu vergnügen wußte, so war er doch ganz unfähig, etwas einer bestimmten Situation Anzupassendes, also etwas für ihn mehr oder weniger Zwangsmäßiges, leicht und unbefangen zum besten zu geben. Sonst ein so glücklicher Humorist, konnte er den richtigen Ton bei solchen Gelegenheiten nie treffen. Am Weihnachtsabend trat dies immer sehr stark hervor. Er sagte dann wohl zu sich selbst, fast als ob er sich auf eine richtige Stimmung hin präparierte: "Ja, das ist nun also Weihnachten... An diesem Tage wurde der Heiland geboren... ein sehr schönes Fest..." und hinterher wiederholte er all diese Worte auch wohl zu uns und sah uns dabei mit zurechtgemachter Feierlichkeit an. Aber eigentlich schwankte er bloß zwischen Verlegenheit und Gelangweiltsein, und wenn dann zuletzt die Klingel der Mama das Zeichen gab und wir nach dreimaligem Ummarsch um einen kleinen runden Tisch und unter Absingung eines an Plattheit nicht leicht zu übertreffenden Verses:

"Heil, Heil, Heil,
Heil, dreifacher Segen,
Strahl', o heller Lichterglanz,
Unsrem Fest entgegen"

über den Flur fort in das Vorderzimmer einmarschierten, war er, mein Vater, womöglich noch froher und erlöster als wir, die wir bis dahin doch bloß vor Ungeduld gelitten hatten.

So war es denn auch an dem hier zu schildernden Weihnachtsabend wieder. Unser Einmarsch unter Absingung obiger Strophe war eben erfolgt, und verwirrt und befangen standen wir, auf den Baum starrend, um die Tafel herum, bis die Mama uns endlich bei der Hand nahm und sagte: "Aber nun seht euch doch an, was euch der heilige Christ beschert hat. Hier das" – und diese Worte richteten sich speziell an mich, – "hier das unter der Serviette, das ist für dich und deinen Bruder. Nimm nur fort." Und nun zögerten wir auch nicht länger und entfernten die Serviette. Was obenauf lag, weiß ich nicht mehr, vielleicht zwei große Pfefferkuchenmänner oder ähnliches, jedenfalls etwas, was uns enttäuschte. "Seht nur weiter", und nun nahmen wir, wie uns geheißen, auch das zweite Tuch ab. Ah, das verlohnte sich. Da lagen gekreuzt zwei schöne Korbsäbel, also genau das (die gute Schröder hatte recht gehabt), was wir uns so sehnlich gewünscht hatten. Und so stürzten wir denn auf die Mama zu, ihr die Hände zu küssen. Aber sie wehrte uns ab und sagte auch diesmal wieder: "Seht nur weiter", und in einem Aufregezustand ohnegleichen, denn was konnte es nach diesem Allerherrlichsten noch für uns geben, wurde nun auch die dritte Serviette fortgezogen. Aber, alle Himmel, was lag da! Ein aus weißem und rotem Leder geflochtener Kantschu, der damals, ich weiß nicht unter welcher sprachlichen Anlehnung, den Namen Peserik führte. Meine Mutter hatte erwartet, unsere Freude durch diese scherzhafte Behandlung des Themas gesteigert zu sehen. Aber nach der Freudenseite hin gingen meine Gedanken und Gefühle durchaus *nicht*. Ganz im Gegenteil. Ich war einfach außer mir und lief in den Garten hinaus, um da wieder zu mir selber zu kommen, was freilich nicht glücken wollte. Die Weihnachtsfreude war hin, war an einem gutgemeinten, aber verfehlten Scherze gescheitert. Hatte ich unrecht?

Ich glaube, nein. Jedenfalls, wie ich die Sache vor sechzig Jahren ansah, so sehe ich sie noch heute an. Es lag diesem Einfall eine volle Wesens- und Charakterverkennung zugrunde. Für andere hätte es vielleicht gepaßt, für mich nicht. Ich erinnere mich, vor vielen Jahren einmal in einem Bogumil Goltzschen Buche, das den Titel führte: ›Aus meiner Kindheit‹ (oder so ähnlich) gelesen zu haben, er, der Verfasser, sei jedesmal glücklich gewesen, wenn der Peserik seiner Mutter aus aller Macht über ihn gekommen sei. "Um jeden Schlag schade, der vorbeiging." Natürlich kann auch nach diesem Prinzip erzogen werden, und ich will gern einräumen, daß dabei prächtige, urkräftige Jungen heranwachsen können, die für die Zukunft mehr Tüchtigkeit versprechen und dies Versprechen auch halten, als solch empfindsames, von allerhand Eitelkeiten beherrschtes Bürschchen, wie ich eines war. Aber wenn dies auch dreimal richtig wäre, so bliebe dieser Erziehungseinfall – denn etwas Erzieherisches sollte es im letzten doch sein – in meinen Augen immer noch ebenso verfehlt. Ich konnte mich doch nicht plötzlich umwandeln; ich, blieb, meinetwegen leider, genau derselbe Empfindling, der ich war; nichts an mir und in mir wurde besser, ich hatte nichts davon als eine Kränkung und ein verdorbenes Fest. Es gibt nun mal verschiedene Naturen, und wenn es geboten sein mag, schwächer Ausgestattete zu kräftigen und zu stählen, auch wenn es diesen zunächst wehe tut, so ist doch, von den sonstigen Schwierigkeiten der Sache ganz abgesehn, die Stunde, wo der Weihnachtsbaum angezündet wird, sicherlich nicht der Zeitpunkt dafür. Es soll an diesem Abend nicht erzogen, sondern erfreut werden, und der, dem diese Aufgabe zufällt, und der sich ihr noch dazu freudig und liebevoll zu unterziehen trachtet, der muß sich doch notwendig die Frage vorlegen, ob der zu Erfreuende an dem, wodurch man ihn erfreuen will, auch wirklich eine Freude haben kann.

Überhaupt, der Abend, an dem dies spielte, war kein rechter Glücksabend.

Es gibt eine kleine Geschichte, die sich, wenn ich nicht irre, "die Pantoffeln des Kasan" betitelt. Gerade damals mußte ich diese, die mutmaßlich aus Tausendundeiner Nacht herübergenommen war, aus meinem französischen Lesebuche übersetzen. Es handelt sich darin um ein Paar hübsche Pantoffeln, die jeder gern haben möchte; sobald er sie aber hat, bringen sie ihm bloß Unglück. Ähnlich erging es mir mit den Korbsäbeln – ich wollte sie haben, und als ich sie hatte, brach das Unheil über mich herein. Allerdings war mir bis zum Eintritt der eigentlichen Katastrophe noch eine kurze Frist gegönnt, während welcher ich mich – nach Überwindung des ersten Ärgers am Weihnachtsabend selbst – wenigstens zeitweilig noch in der Vorstellung wiegen durfte, mich meines Weihnachtsgeschenkes freuen zu können. Dies hatte seinen Grund in folgendem. Es war schon

Jahr und Tag, daß ich, modern zu sprechen, auf nichts Geringeres als auf eine Armeeorganisation hinarbeitete. Dublierung meiner Streitkräfte wäre mir natürlich das Liebste gewesen, da sich das aber verbot, so war ich auf Neubewaffnung und mit Hilfe dieser auf eine neue Taktik, überhaupt auf ein neues Heer- und Kriegssystem aus.

Der bis dahin in meiner ausschließlich mit Speer oder Lanze bewaffneten Truppe vorherrschende Gedanke war, weil ich eine heilige Scheu vor ausgestoßenen Augen hatte, durchaus auf Defensive gerichtet gewesen und hatte von Anfang an zu der Weisung geführt, in kritischen Momenten immer nur, mit Rücken an Rücken, die Speere vorzustrecken, also das zu bilden, was in der Landsknechtszeit ein Igel genannt wurde. Danach war denn auch jederzeit verfahren worden. Aber jetzt, wo die zwei Korbsäbel da waren, war es mir klar, daß es mit dem alten System vorbei sein müsse. Das beständige Stillstehen und Abwarten des feindlichen Angriffs war langweilig und unmännlich zugleich. Und so wurde denn beschlossen, bei der gesamten Truppe statt des Speeres den ganz auf Attacke gestellten Korbsäbel und statt des unbequemen hohen viereckigen Schildes einen kleinen Rundschild einzuführen, nur gerade groß genug, das Gesicht zu decken. Es glückte das auch alles. Die Beschaffung der Säbel wurde mit Hilfe verschiedentlich erneuten Vorgehens gegen die mütterliche Wirtschaftskasse durchgesetzt, und die Herstellung der Rundschilde war meine Sache. Lange bevor Ostern da war, war, was Bewaffnung angeht, der Übergang aus dem einen System ins andere bewerkstelligt. Ich versprach mir viel davon, und der Umstand, daß die jeden Mittwoch- und Sonnabendnachmittag nach wie vor von uns bezogenen "Kampements" ohne Störung oder Angriff von seiten unserer Feinde – trotzdem sich etliche große, halbwachsene Jungen mit schottischen Mützen unter ihnen gezeigt hatten – verstrichen waren, bestärkte mich darin, daß wir angefangen hätten, der uns feindlichen Straßenjungenwelt zu imponieren.

Eine Weile blieb ich auch noch in dieser Täuschung. Aber, wie schon angedeutet, auch wirklich nur eine kleine Weile.

Das Kampieren im Freien war jedesmal ein unendlicher Genuß für mich. Wir hatten verschiedene Lagerstellen; eine war in den tiefen Sandgruben am Kirchhof, eine zweite zwischen den Dünen (in der Nähe der Stelle, wo Mohr eingescharrt worden war) und eine dritte, mehr landeinwärts, in den Moorgründen, die sich mit ihren hundert Torfpyramiden und ebenso vielen dunklen Wasserlachen von den Ausläufern der Stadt her bis nach Corswandt und Kamminke zogen. Aber mehr noch liebten wir eine Waldstelle, nahe bei Heringsdorf, die "Störtebeckers

Kul'" hieß. Dies war ein tiefes Loch, richtiger ein mächtiger Erdtrichter, drin der Seeräuber Störtebecker, der zu Anfang des 15. Jahrhunderts die Nord- und Ostsee beherrschte, mit seinen Leuten gelagert haben sollte. Gerade so wie wir jetzt. Das gab mir ein ungeheures Hochgefühl, Störtebecker und ich. Was mußte ich für ein Kerl sein! Störtebecker war schließlich in Hamburg hingerichtet worden, und zwar als letzter seiner Bande. Das war mir nun freilich ein sehr unangenehmer Gedanke. Weil es mir aber, alles in allem, doch auch wieder wenig wahrscheinlich war, daß ich der Hamburger Gerichtsbarkeit ausgeliefert werden würde, so sog ich mir aus dem Vergleich mit Störtebecker unentwegt allerhand süße Schauer. Die "Kule" war sehr tief und bis zu halber Höhe mit Laub vom vorigen und vorvorigen Jahre überdeckt. Da lag ich nun an der tiefsten Stelle, die wundervollen Buchen über mir, und hörte, wenn ich mich bewegte, das Rascheln des trockenen Laubes, und draußen rauschte das Meer. Es war zauberhaft. Nur meine Truppe verdroß mich beständig, denn jeder einzelne, mit seiner höchst zweifelhaften Räuberanlage, stellte mir die gewöhnlichste Prosa des Lebens wieder vor Augen. Mein jüngerer Bruder, gutmütig wie er war, nahm immer eine Bierkruke mit aufgelöstem und furchtbar schäumenden Lakritzensaft mit, was meine "Störtebeckerschen", die sich davon einschenken ließen, "Met" nannten. Zugleich waren meines Bruders Taschen mit einer Unmenge von wurmstichigem Johannisbrot gefüllt, um das man sich, mit einer allerdings halben Räuberenergie, balgte. Mir widerstand das alles, und ich trank Quellwasser, das ich mit der flachen Hand schöpfte.

So ging es in der "Räuberkule" zu. Mir persönlich, so gruselig die Kule war, war übrigens ein etwas näher gelegener Platz fast noch mehr ans Herz gewachsen; das war eine Waldlichtung, auf halbem Weg nach Kamminke, dieselbe Stelle, die schon im Sommer 27, an eben dem Tage, wo wir unsere Einfahrt in Swinemünde hielten, einen so tiefen Eindruck auf mich gemacht hatte. Von rechts her lief hier ein Wässerchen, das aus den benachbarten Torfgräbereien kam, quer über den Weg hin, und Bohlen und Holzstämme, mit einer von Flechten überzogenen und ziemlich unsicheren Anlehne, bildeten eine Brücke darüber. Von derselben rechten Seite her, weil die Brücke hier wenig Abfluß gönnte, staute sich dann auch das Moorwasser und schuf eine von Binsen eingefaßte Lanke, drauf gelbe und weiße Teichrosen schwammen. An der der Stadt zugelegenen Brückenseite, da wo das mit Kiennadeln übersäte Ufer ein wenig anstieg, ließ ich meine Truppe mit Vorliebe lagern und erging mich, Mal auf Mal, in der entzückenden Vorstellung, daß ich der Verteidiger dieses Brückenüberganges oder, was mir noch besser klang, dieses "Defilés" sei. Wie die Verteidigung zu machen sei, war mir ganz klar:

Abtragen der Bohlen, Auftürmen der Stämme zu einem Verhau und dann überdeckte Löcher oder Wolfsgruben, in die der Feind stürzen mußte, selbst wenn er das Verhau genommen, was doch immer noch fraglich. Aber inmitten dieser Siegesvorstellung überkam mich plötzlich wieder eine furchtbare Angst; mein Vertrauen zu mir selber war freilich unbegrenzt, ich konnte nur sterben, und sterben war süß – aber meine Truppe! Fritz Ehrlich war ein Heldenjunge, sonst aber war alles foosch. Da lagen sie wieder, mit einem Süßholzstengel zwischen den Zähnen, und kein einziger unter ihnen, den einen Genannten abgerechnet, der den Moment begriffen oder von Disziplin eine Ahnung gehabt hätte. "Thompson", rief ich, "hole mir die weiße Mummel da." – "Hol sie dir selber", und dabei lachte der freche Junge. Und mit solchem Material wollt' ich das Defilé halten! Ich ließ den Hornisten zum Antreten blasen und konnte von Glück sagen, daß er gehorchte. Trommler und Hornist gehorchten übrigens immer, weil es ihnen Spaß machte. Ja, Spaß, Spaß, das war es. Von ernsterem Erfassen unserer Aufgabe keine Spur. Und in dem Gefühl, wieder einen großen Moment versäumt zu haben, trat ich mit meiner Truppe den Rückzug an. Sie hatte sich sichtlich verschlechtert. Als Hastaten waren sie besser gewesen. Das kommt bei Reformen heraus.

Ärgerliche Betrachungen wie diese kamen mir häufig. Im ganzen aber war das Frühjahr 31, eben meine "Fristzeit", doch eine glückliche Zeit für mich und blieb es bis in den Sommer hinein. Inmitten der mir immer wiederkehrenden Zweifel bestand doch die Tatsache fort, daß wir nun schon seit Monaten die Straße beherrschten und weder in der Stadt bei unsern gewöhnlichen Spielen, noch draußen auf unsern Lagerplätzen einem Angriff von seiten unserer Gegner ausgesetzt gewesen waren. All das gab mir, meinen Beängstigungen zum Trotz, doch auch wieder ein bestimmtes Maß von Vertrauen zurück. Ich sagte mir: "Ja, die Truppe ist schlecht; es sind lauter Ausreißer, und Fritz Ehrlich und ich können die Sache nicht allein machen; aber, wenn die Truppe schlecht ist, die Führung ist desto besser, und weil unsre Feinde das fühlen, haben sie Respekt und gönnen uns Frieden." Ja, sie gönnten uns Frieden, wirklich. Aber, wie sich bald zeigen sollte, die Ruhe, die wir hatten, war die Ruhe vor dem Sturm. Unsere ganze Stadt- und Straßenherrschaft hatte von Anfang an auf dem Ansehen unserer Eltern beruht, die man in ihren Kindern nicht beleidigen wollte. Das meiste, wenn nicht alles, war Vorteilserwägung und Rücksichtnahme gewesen, wozu die meist im Dienst der Reeder und Kaufleute stehenden Schiffer und Hafenarbeiter ihre anfänglich bloß an Zahl, aber neuerdings auch an Kraft uns weit überlegenen Jungens ermahnt haben mochten.

Eine lange Zeit war es so gegangen, und man hielt sich, wenn auch widerstrebend, auch jetzt noch zurück. Als aber eines Tages einige der Allerkleinsten und Schwächlichsten meiner Truppe, die natürlich, so lange sie sich sicher wußten, auch immer die Herausforderndsten waren, sich wieder mal allerlei Neckereien erlaubt hatten, brach die Revolution aus. Man wollte unsere Herrschaft brechen, uns einen Denkzettel geben. Ich habe die Nachmittagsstunde, wo sich dies ereignete, noch deutlich vor mir. Wir spielten um die Kirche herum, und ich meinerseits stand eben auf einem auf zwei hohen Sägeböcken liegenden und von beiden Seiten her schon mit Eisenkrammen eingespannten Baumstamm, als ich mit einem Male sehen mußte, daß zwei der Meinigen, die grad' über den etliche hundert Schritt entfernten Marktplatz gingen, beim Kragen gepackt und von einem bildhübschen Jungen, der Erich Munk hieß, erst übergelegt und dann abgestraft wurden. Ein anderer Junge, Freund Erich Munks, stand daneben und lachte. Die beiden Abgestraften schrien furchtbar, und wiewohl es mir sicher war, daß sie wegen ihres hochmütigen und hämischen Wesens das Übergelegtwerden vollkommen verdient hätten, so gebot doch der Korpsgeist, die kleinen Neckebolde nicht im Stich zu lassen. Ich sprang also von dem Sägebock herunter und lief, von etlichen Mitspielenden gefolgt, auf die Kampfesstelle zu, natürlich in der Absicht, den Munk zu packen. Dieser aber, der stark und mutig war, wich mir, offenbar nach einem Plane, den er sich gemacht hatte, vorsichtig aus, ja, floh geradezu, so daß mir nichts übrigblieb, als den andern Jungen, der nur zugesehen hatte, zu fassen und niederzuwerfen. Aber nun erschien auch Erich Munk wieder und warf sich mit aller Kraft auf mich, um mich von seinem Freunde loszukriegen, was ihm jedoch nicht glückte, weil ihn die fünf, sechs Jungen, die mir vom Kirchplatz her gefolgt waren, an Armen und Beinen immer wieder von mir wegzerrten.

Dabei zerrissen sie ihm die Jacke, was nun die Wut des Jungen aufs höchste steigerte. Er zog jetzt einen rostigen, unten abgebrochenen und dadurch zahnig gewordenen Nagel aus der Tasche, jagte damit die kleine Meute in die Flucht, und nun aufs neue über mich herfallend, stieß er mir den Nagel in den Oberarm. Ich habe noch die Narbe. Da ließ ich nun das unter mir liegende Opfer los, kam in ein Ringen mit Munk und entriß ihm schließlich auch den Nagel, mit dem ich mich nun vor ihn hinstellte, wie wenn ich sagen wollte: "Ich könnte dich jetzt morden, ich will aber nicht." Dann lachten wir uns gegenseitig verächtlich an und gingen langsam unseres Weges. Eigentlich war ich Sieger geblieben, beide Feinde hatten an der Erde gelegen, und den großen rostigen Nagel, auf den ich nicht wenig stolz war, nahm ich mit nach Hause, wo mein Arm mit Arkebusade gewaschen wurde, was sehr brannte. Ja, ich hatte gesiegt. Aber trotzdem, ich konnte der Sache nicht froh werden und empfand deutlich, daß unserer Herrschaft Tage gezählt seien. Ich sah ganz klar, und die nächsten Tage bestätigten es, daß man auf seiten unserer Gegner willens geworden war, uns ihre Überlegenheit endlich fühlbar zu machen. Es kam nicht eigentlich zu Angriffen, aber wenn wir mit ihnen zusammentrafen, so waren immer ein paar der großen, schon mit auf See gewesenen Jungen zwischen ihnen, die nun beim Vorübergehen ihre schottischen Mützen abnahmen und uns furchtbar tief grüßten. Kein Zweifel, sie wollten uns verhöhnen. Mir wurde unheimlich dabei, und ich dachte an Abrüstung. Aber wie war das zu machen? Und wenn abgerüstet war, war dadurch meine Lage gebessert?

Achtzehntes Kapitel

Das letzte Halbjahr

Inzwischen war der Herbst herangekommen, ohne daß sich mein Gemüt in der Zwischenzeit sonderlich beruhigt hätte. Wohl hatte ich Stunden, in denen ich's leichter nahm; aber die Furcht kam immer wieder, und da sich Waffenniederlegung und ähnlich Mutloses nicht empfahl, weil es mir den ersehnten Straßenfrieden doch nicht eingetragen haben würde, so war ich wider meinen Willen gezwungen, mich mit neuen Plänen zu beschäftigen, um in ihnen vielleicht Hilfe zu finden. Ich sann hin und her und fand schließlich zu meiner Beschämung, daß ich, wenn ich mich halten wollte, gezwungen sein würde, die Fortdauer meiner Herrschaft in einer außerhalb meiner Truppe liegenden Hilfsmacht zu suchen, also nach dem Beispiele meiner proletarischen Feinde zu verfahren, die ganz ersichtlich begonnen hatten, sich auf die großen Schiffsjungen mit ihren rotweißblaugeränderten Matrosenmützen zu stützen. Ich ging diesem Gedanken eine ganze Weile nach, und weil mir solch Kraftmaterial in meinem Schul- und Freundeskreise nicht zuwuchs, so half nur eines: Anwerbung, Gründung eines Söldnerheeres. Das erforderte natürlich Geld. Aber davor erschrak ich nicht; die gute Schröder, so sehr sie den "Unsinn" mißbilligte, wäre doch schließlich gütig genug gewesen, aus ihren eignen Mitteln alles Nötige herzugeben, und wenn mein Plan trotzdem unausgeführt blieb, so lag dies nur daran, daß mir seine Durchführung, als ich dicht davorstand, doch auch wieder gegen die Soldatenehre war. Ich hatte durch Jahr und Tag hin geglaubt, in erster Reihe durch mich selbst und zum zweiten durch allerlei kleine Künste, denen ich die stolzesten Namen gab, eine Machtstellung einnehmen zu können. Das erschien mir als etwas Besonderes. Blieb mir dies aber in alle Zukunft hin versagt, so hatte das andere keinen Wert mehr für mich und war auf die Dauer voraussichtlich auch nutzlos. Jedes von der andern Seite her bewilligte Glas Wacholder konnte mich sofort wieder übertrumpfen und die Frage zum zweitenmal zu meinen Ungunsten entscheiden. So ließ ich denn, nur noch sehr selten von einem Hoffnungsschimmer neu belebt, die Dinge gehen, wie sie gehen wollten, bis ein kleines Ereignis auch den letzten Rest von Zuversicht in mir tilgte.

November war da, und die kleinen Wasserlachen, die sich um ein Wäldchen, das die "Plantage" hieß, herumzogen, waren schon überfroren. Jeden Nachmittag, gegen Sonnenuntergang, gingen wir hinaus, um auf diesen Tümpeln Schlittschuh zu laufen. Es war ein herrliches Vergnügen, das Eis blink und blank, und wenn dann der Mond wie eine kupferne Scheibe aufging und sein seltsames Licht durch die Erlen und Binsen warf, die den Tümpel einfaßten, so wurde ich jedesmal von einem geheimen Schauer erfaßt. Ich gab dann das Holländern und das Buchstabenmachen (immer ein lateinisches E) auf etliche Minuten auf und sah in den Mond. Einmal, als wir zu dreien oder vieren auch wieder diese Stelle besuchten, trafen wir schon ein paar andere Jungen da, Schifferjungen, etwas älter als wir, aber nicht viel. Alle trugen hohe Stiefel, drin die Hosen steckten, dazu dicke Friesjacke und Pelzmütze. Wir waren sehr unzufrieden mit der vorgefundenen Gesellschaft, und schon während wir die Schlittschuhe anschnallten, fielen anzügliche Worte. Besonders der Führer der Gegenpartei war ein muffliger Junge, häßlich und stubsnäsig, und seine trotzige Art ärgerte mich so, daß ich auf ihn zufuhr und ihn in einen dicht neben uns anfragenden Erlenbusch werfen wollte. Aber es mißglückte. Entweder ich glitt aus oder er war stärker als ich, kurzum, ich kam zu Fall und lag nun zu seinen Füßen. Er nahm weiter keine Notiz davon, sah nur sehr überlegen auf mich 'runter und setzte dann seinen Eislauf ruhig fort, immer in meiner Nähe bleibend. Ich war wieder aufgesprungen, und "meine heilige Schar" riet mir, zum zweitenmal auf den Jungen loszugehen und die Scharte auszuwetzen; ich wagte es aber nicht mehr – in dem Riedgras, neben dem Erlenbusch, wo ich zu Fall gekommen war, lag der letzte Rest vom Stolz meiner Jugend begraben. Ich war, vielleicht in kluger Wahl meiner Gegner, bis dahin immer Sieger geblieben; hier hatte mich zum erstenmal eine Niederlage getroffen und so getroffen, daß an eine Wiederaufnahme des Kampfes gar nicht zu denken war. Ich schnallte meine Schlittschuhe ab und ging still vom Eise fort, selbst den Racheblick unterlassend, mit dem sonst wohl solche Renkontres zu enden pflegten.

In schwermütiger Verfassung kam ich zu Hause an und nahm hier den oft gehegten und immer wieder verworfenen Gedanken einer Abdikation mit neuer

Lebhaftigkeit auf. Es sollte sich aber, so war mein Plan, alles geräuschlos vollziehen, ohne Gespräch darüber und namentlich ohne Vernichtung irgendeines Stückes in der Waffenkammer; nur Spinnweb mochte sich darüber hinziehen. Jeder auf Wiedergewinn meiner Herrschaft abzielende Gedanke war aufgegeben, so ganz und gar, daß ich Begegnungen nach Möglichkeit vermied und mich etwas ängstlich an den Häusern entlangdrückte. Schrecklicher Zustand. Ich war mit einem Male ganz klein geworden und fühlte mich geradezu unglücklich. Der muffige Bengel stand immer vor meinen Augen. Unter gewöhnlichen Verhältnissen wäre solch elendes Leben ganz unerträglich für mich gewesen. Aber glücklicherweise, die Verhältnisse waren inzwischen andere geworden und änderten sich mit jedem Tage mehr. Abgesehen davon, daß Weihnachten vor der Tür stand und mich momentan wenigstens zerstreuen konnte, begann sich auch mehr und mehr alles um meinen bevorstehenden Abgang zu drehen, an den ich jetzt mit Begierde dachte. Nicht, daß es mir zu Hause nicht mehr gefallen hätte, fast im Gegenteil; die Eltern waren von besonderer Güte, aber das Bewußtsein, daß die Zeit hin sei, wo die "Blinden in Genua auf meinen Schritt gehört", hatte mich allmählich um die Möglichkeit jeder echten und rechten Freude gebracht, und ich zählte die Stunden, die mich von der Stelle meiner, wenn ich *nicht* ginge, sich sicherlich immer aussichtsloser gestaltenden Kämpfe hinwegführen sollten.

Am 30. Dezember war mein Geburtstag. Ich erhielt diesmal nicht bloß viele, sondern für unsere kleinen Verhältnisse sogar sehr wertvolle Geschenke: Schellers Lexikon, Stielers Atlas, Beckers Weltgeschichte, sämtlich noch jetzt in meinem Besitz und sehr von mir gehegt. Mein Dank war groß und aufrichtig; aber das beste war doch, daß mich die diese Geschenke begleitenden Ansprachen auf meinen Abgang von Hause verwiesen. "Das alles erhältst du wie eine Aussteuer, weil du fort mußt", so etwa hieß es und statt traurig über diese Veranlassung zu sein, war ich froh darüber.

Tags darauf war Silvester und Ressourcenball, und ich schwelgte während desselben in der Vorstellung, über kurz oder lang auch vielleicht mit schönen großen Damen tanzen zu können. Ich lebte so ganz in dieser Zukunftsvorstellung, daß selbst der um Mitternacht eintretende, mich sonst immer erheiternde Nachtwächter mit seinem Horn und seinem abgesungenen Vers keinen rechten Eindruck mehr auf mich zu machen imstande war. Und einen noch geringeren Eindruck machten die Wochen auf mich, die von Neujahr an folgten. Ich erinnere mich erst wieder der Tage kurz vor meiner Abreise, wo meine Habseligkeiten gepackt und überhaupt alle Vorbereitungen für meinen Abgang zur Schule getroffen wurden.

Es hätte dies trotz meiner durchaus auf ein "Hinaus" gerichteten Sehnsucht eine herzbewegliche Zeit sein können, aber sie war so ziemlich das Gegenteil davon, und wie mir das ganze zurückliegende Jahr, mit wenigen Ausnahmetagen, immer nur Fatalitäten, Kränkungen und Niederlagen gebracht hatte, so schloß es auch mit lauter Disharmonien und Ärgernissen ab. Ich war freilich an allem persönlich schuld, aber etwas von Schicksals Tücke spielte doch auch mit hinein.

"Du wirst nun also Abschiedsbesuche bei dem und dem machen", sagte mein Vater und übergab mir einen Zettel, darauf die betreffenden Namen standen; der letzte Name war der eines Fräulein von Hochwächter, welche Dame mit ihrer alten Mutter im Steuerrat Königkschen Hause wohnte. Das Fräulein war eine sehr schöne Dame, Ende dreißig, ganz Brunhilde mit Rembrandthut und Straußenfeder und selbstverständlich auch vorzügliche Reiterin. Ich hatte sie ein paarmal gesehen, aber nie gesprochen. Da sollt' ich nun Abschied nehmen. Es war mir sehr zuwider, und kurz und gut, ich unterließ es und sagte nur zu Hause, "ich sei dagewesen". Alles in dem Vertrauen, daß es wohl erst herauskommen würde, wenn ich fort wäre. Kam es dann zur Sprache, so hatte das nicht viel mehr zu bedeuten. Es kam jedoch eher heraus, und so hatte ich das Vergnügen, zu guter Letzt noch als Lügner entlarvt zu werden. Ich schämte mich. Aber freilich wohl nicht genug.

Des Schicksals Tücke hatte mir bei dieser Gelegenheit übel genug mitgespielt, ohne sich jedoch dadurch erschöpft zu fühlen. Das Schlimmste kam vielmehr nach und fiel auf den Tag unmittelbar vor der Abreise. Meine Mutter, in unbegreiflicher Verkennung des sonst so gut von ihr gekannten Charakters meines Vaters, hatte diesen beauftragt, mir zum Abschiede noch eine Standrede zu halten und mich zur Sittlichkeit zu ermahnen. An und für sich war dagegen nichts einzuwenden, und wenn meine Mutter selber die Standrede gehalten hätte, so hätte diese, wenn auch vielleicht nicht viel geholfen, so doch im Augenblicke wenigstens mächtig auf mich gewirkt. Ich hätte ihr die Hände geküßt und unter Tränen ein Festhalten an dem von mir geforderten Gelübde versprochen. Aber statt ihrer trat nun mein Vater an. Er war ein sehr stattlicher und mit seinem schönen Blaubart eigentlich wundervoll aussehender Mann, der typische französische Kürassier-Offizier. All das hätte nun auf einen zwölfjährigen Jungen, der sich noch dazu sagen mußte: "Das ist dein Vater", imponierend wirken müssen. Aber dies war nicht der Fall oder doch nur sehr zur Hälfte. Mein Vater, wie oft große, von besonderer Bonhomie getragene Männer, hatte einen unvertilgbar humoristischen Zug in seinem Gesicht, ein eigentümliches Etwas, das sich gerade dann, wenn er am ernsthaftesten sein wollte, über diesen Ernst zu mokieren schien, wodurch sich das Respekteinflößende der Erscheinung wieder in Frage gestellt sah. Dieser humoristische Zug, sonst seine größte Zierde, wurde mir an diesem Abschiedstage verhängnisvoll, denn mit einem Male, während ich noch so vor ihm stand und die Sittlichkeitsermahnungen gesenkten Auges und eigentlich ohne jedes rechte Verständnis mit anhörte, grinste mich ein mir in meiner kleinen Seele sitzender Kobold, der vorhatte, mich à tout prix zum Lachen zu bringen, teuflisch an. Und es gelang ihm auch. Denn mit einem Male barst es krampfhaft aus mir heraus, nicht viel mehr als ein konvulsivisches Zucken, aber doch immerhin von einem leisen Lacheton begleitet. "Junge, ich will doch nicht glauben, du lachst..."

"Nein, gewiß nicht, lieber Papa..."

"Nun, darum möcht' ich doch auch gebeten haben."

Und nun nahm er seine Rede wieder auf, um sie – weil ihm selber wohl auch unheimlich zumute war – so rasch wie möglich zum Schluß zu bringen. Ein wahres Glück. Denn wiewohl ich, mit höchster Anstrengung gegen mich ankämpfend, vor Angst und Erregung zitterte, so wär' ich doch zum zweiten Male zum Opfer gefallen, wenn die Rede auch nur noch eine halbe Minute länger gedauert hätte.

"Nun geh und vergiß diese Stunde nicht."

Und ich habe sie auch nicht vergessen. Aber nur das Schreckliche der Szene ist mir geblieben, nicht der Inhalt seiner Rede.

Am andern Tage brachen wir auf, meine Mutter und ich. Es war beschlossen, mich auf das Ruppiner Gymnasium zu bringen; dort hatten wir noch Anhang und gute Freunde, die mich, wie vor allem das Predigerhaus, in das ich in Pension kam, in Obhut nehmen sollten.

Eigentlich wäre nun wohl die Reise nicht Sache meiner Mutter, sondern Sache meines Vaters gewesen, und das dreitägige Kutschieren, mit Nachtquartieren in Anklam und Neubrandenburg, in welch letzterem man immer wundervoll zu Abend aß, würde ihm auch sehr gefallen haben; er wog aber ab zwischen angenehm und unangenehm und kam zu dem Resultat, daß das Unangenehme meiner Ablieferung in ein Prediger-, ja genauer genommen, sogar in ein Superintendentenhaus, begleitet von Einführung meiner Person bei dem Direktor des Gymnasiums, doch schwerer ins Gewicht falle als das Angenehme des Soupers in Neubrandenburg.

Und so fuhr ich denn mit meiner Mutter – die in diesen Tagen, ganz gegen ihre Gewohnheit, ungemein weich und nachsichtig gegen mich war – in die Welt hinein. Ein neuer Lebensabschnitt, der zweite, begann für mich, und eh' ich auch über ihn, wenn überhaupt, berichte, werf' ich noch einen Blick auf das Stück Leben zurück, das mit dem Abreisetag für mich abschloß.

Es war, trotz des letzten Halbjahrs mit seinen vielen kleinen Ärgernissen, eine glückliche Zeit gewesen; später – den Spätabend meines Lebens ausgenommen – hatt' ich immer nur vereinzelte glückliche Stunden. Damals aber, als ich in Haus und Hof umherspielte und draußen meine Schlachten schlug, damals war ich unschuldigen Herzens und geweckten Geistes gewesen, voll Anlauf und Aufschwung, ein richtiger Junge, guter Leute Kind. Alles war Poesie. Die Prosa kam bald nach, in allen möglichen Gestalten, oft auch durch eigene Schuld.

Am dritten Tage unserer Fahrt trafen wir in Ruppin ein und nahmen, eh ich in der Pension untergebracht wurde, in einem Hause Quartier, das unserer früheren Apotheke gegenüberlag. "Da bist du geboren", sagte meine Mutter und wies hinüber nach dem hübschen Hause, mit dem Löwen über der Eingangstür. Und dabei traten ihr Tränen ins Auge. Sie mochte denken, daß alles anders hätte verlaufen, müssen, wenn "das und das" anders gewesen wäre. Und dies "das und das" war – er. Sie war nicht gern von dieser Stelle weggegangen und ist als eine Frau von über fünfzig, äußerlich getrennt von ihrem Manne, dahin zurückgekehrt, um dort, wo sie jung und eine kurze Zeitlang auch glücklich gewesen war, zu sterben.

Der Tag nach unserer Ankunft war ein heller Sonnentag, mehr März als April. Wir gingen im Laufe des Vormittags nach dem großen Gymnasialgebäude, das die Inschrift trägt: Civibus aevi futuri. Ein solcher civis sollte ich nun auch werden, und vor dem Gymnasium angekommen, stiegen wir die etwas ausgelaufene Treppe hinauf, die zum "alten Thormeyer" führte. Er war vordem Direktor in Stendal gewesen und hatte das Direktorat dort aufgeben müssen, weil er sich an einem Lehrer "vergriffen" hatte. Glücklicherweise wußt' ich damals noch nichts davon, ich hätte mich sonst halbtot geängstigt. Oben angekommen, trat uns ein mindestens sechs Fuß hoher alter Herr entgegen, gedunsen und rot bis in die Stirn hinauf, die Augen blau unterlaufen, das Bild eines Apoplektikus – er hätte auf der Stelle vom Schlag gerührt werden können.

"Nun, mi fili, laß uns sehn... Ich bitte, daß Sie Platz nehmen, meine verehrte Frau." Und dabei nahm er einen schmuddeligen kleinen Band von seinem mit Tabaksresten überschütteten Arbeitstisch und sagte: "Nun lies dies und übersetze." Es waren zehn Zeilen mit einem Rotstift links angestrichen, höchst wahrscheinlich die leichteste Stelle im ganzen Buch. Ich tat ganz, wie er geheißen, und es ging auch wie Wasser. "Sehr brav... er ist reif für die Quarta." Damit waren wir entlassen, und am nächsten Montag, wo die Schule wieder anfing, setzte ich mich auf die Quartabank.

Was ich dahin mitbrachte, war etwa das Folgende: Lesen, Schreiben, Rechnen; biblische Geschichte, römische und deutsche Kaiser; Entdeckung von Amerika, Cortez, Pizarro; Napoleon und seine Marschälle; die Schlacht bei Navarino, Bombardement von Algier, Grochow und Ostrolenka; Pfeffels Tabakspfeife, "Nachts um die zwölfte Stunde", Holteis Mantellied und beinah sämtliche Schillersche Balladen. Das war, einschließlich einiger lateinischer Brocken, so ziemlich alles, und im Grunde bin ich nicht recht darüber hinausgekommen. Einige Lücken wurden wohl zugestopft, aber alles blieb zufällig und ungeordnet, und das berühmte Wort vom "Stückwerk" traf auf Lebenszeit buchstäblich und in besonderer Hochgradigkeit bei mir zu.